清华大学计算机学科历史沿革

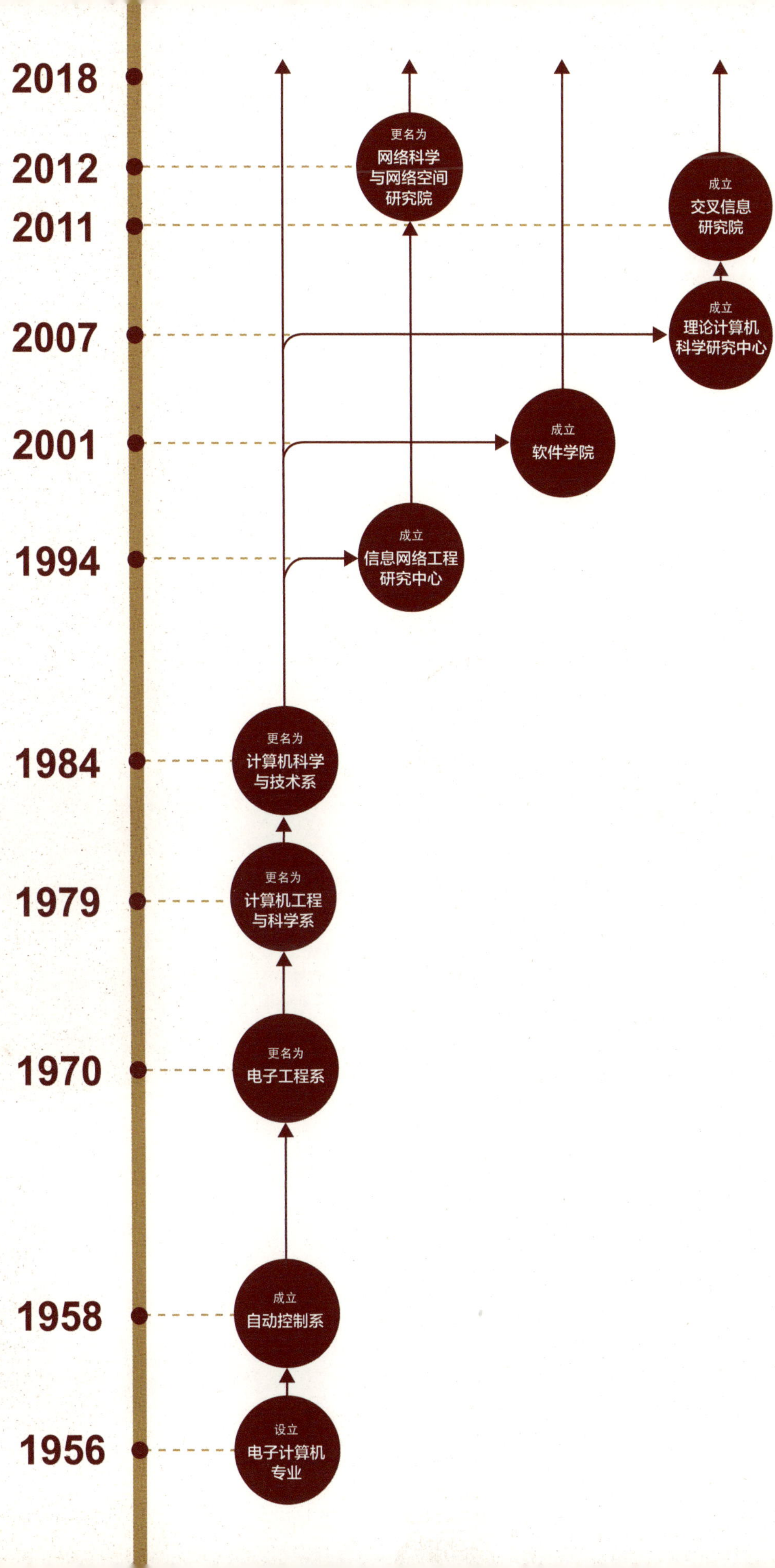
2018
2012
2011
2007
2001
1994
1984
1979
1970
1958
1956
更名为
网络科学
与网络空间
研究院
成立
交叉信息
研究院
成立
理论计算机
科学研究中心
成立
软件学院
成立
信息网络工程
研究中心
更名为
计算机科学
与技术系
更名为
计算机工程
与科学系
更名为
电子工程系
成立
自动控制系
设立
电子计算机
专业

1958 1959 1960 19611962 1963 1964 1965 1966 1967 1968 1969 1970 1971 1972 1973 1974 1975 1976 1977 1978 1979 1980 1981 1982 1983 1984 1985 1986 1987

1990 1991 1992 1993 1994 1995 1996 1997 1998 1999 2000 2001 2002 2003 2004 2005 2006 2007 2008 2009 2010 2011 2012 2013 2014 2015 2016 2017 2018

智圆行方

清华大学计算机科学与技术系系史

清华大学计算机科学与技术系 编

清华大学出版社
北京

2009-2018
第二册

CONTENTS
目录

60TH 1958—2018 CS

CONTENTS
目录

序言

智圆行方——清华大学计算机科学与技术系系史

第二册（2009—2018）

吴建平★

自1958年清华大学自动控制系建系以来，经历了栉风沐雨，砥砺前行的历史沿革：1970年自动控制系更名为电子工程系，1979年又更名为计算机工程与科学系，1984年再更名为计算机科学与技术系（以下简称计算机系）至今。1994年学校决定以吴建平等计算机系教师为主成立清华大学信息网络工程研究中心，2012年更名为清华大学网络科学与网络空间研究院（以下简称网络研究院）；2001年学校决定以孙家广等计算机系教师为主成立清华大学软件学院；2007年学校决定以姚期智先生等计算机系教师为主成立清华大学理论计算机科学研究中心，2011年更名为清华大学交叉信息研究院。清华大学计算机系、软件学院、交叉信息研究院和网络研究院四个院系分工负责、相互支持，共同承担了清华大学计算机科学与技术、软件工程和网络空间安全三个国家一级学科的建设任务，构成了清华大学计算机学科。六十年一甲子，岁月铭刻的既是清华大学计算机系六十年的奋斗拼搏史，也是清华大学计算机学科的光荣历程。十年前，我们在计算机系成立五十周年之际编纂了系史，命名为“智圆行方”。先秦《文子·徵明》有言：“智圆者，终始无端，方流四远，渊泉而不竭也；行方者，立直而不挠，素白而不污，穷不易操，达不肆志也”，既是对计算机学科奋斗发展历史的总结，更是对辉煌未来的展望。因此，在编纂六十周年系史之际，我们仍然沿用“智圆行方”的命名，激励我辈发扬光大先贤们未竟的事业，弘扬传承我系深厚的精神底蕴，为实现建立世界一流计算机学科的目标继续拼搏、不懈奋斗。本书延续前五十年系史体例，主要收录2009年至2018年这十年间的主要历史性事件。在历经第一个十年的“基业初创”、第二个十年的“艰难前进”、第三个十年的“调整提高”、第四个十年的“更上层楼”、以及第五个十年的“奔向一流”之后，清华大学计算机学科在第六个十年里实现了“迈进前列”。过去十年里，清华大学计算机学科在国内外计算机学科评估和排名中表现突出。在教育部组织的两次学科评估中，计算机科学与技术学科均保持首位，2012获得第一，2017年获得A+；软件工程学科2012年获得并列第一，2017年获得A。在国际计算机学科排名中，QS世界大学计算机学科排名从2012年的全球第35名，上升到2018年的全球第20名；US News世界大学计算机学科排名从2015年的全球第7名，上升到2018年的全球第1名。在2010年清华大学组织的计算机学科国际评估中，由图灵奖获得者、美国康奈尔大学John Hopcroft院士担任主席的国际评估委员会认为：“清华大学计算机科学与技术学科已经崛起成为世界级（world-class）的计算机科学研究与教学机构之一”。2017年由中国人民政治协商会议第十二届全国委员会副主席陈元学长担任主席的

★　作者吴建平院士为现任清华大学计算机科学与技术系主任，2010年开始任职

清华大学计算机学科顾问委员会首次会议上，顾问委员们指出："清华大学计算机学科取得了长足的进步，已成长为中国大学计算机学科建设的引领者和一所位居世界前列的计算机研究与教学机构"。

可以说，过去十年清华大学计算机学科在学科建设、教师队伍、科学研究、教育教学、学生培养和国际化建设等方面高速发展，取得了若干具有里程碑意义的成绩，逐步迈进了世界计算机学科的先进行列。因篇幅所限，下面仅就清华大学计算机系的情况择要介绍如下：

1.在学科建设方面，规划先行目标明确、谋定后动迈进前列。计算机系负责"计算机科学与技术"一级学科、支持"软件工程"和"网络空间安全"两个一级学科的建设工作。"计算机科学与技术"是我国首批设立的国家重点一级学科,而"软件工程"和"网络空间安全"均为国内首批设立的国家一级学科。计算机系坚持"放眼世界、服务国家、规划先行、谋定后动"学科建设思路，根据学校发展战略，先后制定了"清华大学计算机系十二五学科建设规划"和"清华大学计算机系十三五学科建设规划"，明确了"均衡发展、重点突破、分类管理、理顺体制"指导思想和"2020年达到世界学科排名前20-30名左右"发展目标。经"清华大学计算机系十三五学科建设规划"优化后的八个重点学科方向为"互联网体系结构、网络空间安全、高性能计算机系统、数据与知识工程、软件工程与系统软件、计算机图形学与多媒体、普适计算与人机交互、人工智能与智能信息处理"；新增的二个交叉学科方向为"类脑科学与计算、量子计算与软件"；三个重大项目方向为"E级高性能计算机系统、安全可信的下一代互联网、人工智能重大应用"。

计算机系2009-2018年在学科建设方面的重要举措和进展包括：（1）2010年清华大学组织了对计算机学科的国际评估。顾问委员们指出"清华大学计算机科学与技术学科已经崛起成为世界级（world-class）的计算机科学研究与教学机构之一"，同时对学科发展提出了十条战略性建议。（2）2011年设立了"计算机系钟士模奖学基金"和"计算机系思源基金"。用于奖励计算机系特别品学兼优的学生和资助生活特别困难的学生与教师。（3）2012年成立了计算机系系友会和计算机系发展基金。广泛联系系友和社会力量，关心和支持清华大学计算机学科的建设。（4）2016年系友创建的搜狗公司向清华大学捐赠1.8亿元建设新的计算机系系馆，同时与计算机系联合成立清华大学天工智能计算研究院。（5)2017年"计算机学科群"列入清华大学"一流大学"建设方案并通过规划方案论证。（6）2017年成立清华大学计算机学科顾问委员会，并举行成立仪式暨第一次会议，顾问委员们指出："清华大学计算机学科取得了长足的进步，已成长为中国大学计算机学科建设的引领者和一所位居世界前列的计算机研究与教学机构，在部分科研领域达到了世界一流水准"，同时提出六条战略性建议。（7）2018年在60周年系庆期间，召开"探究计算机科学本质，推动计算机学科发展"为主题的首届"全球计算机学科发展论坛"，国内外著名大学的计算机学院院长或系主任将出席本次论坛。（8）2018年清华大学成立挂靠在计算机系的清华大学人工智能研究院，张钹院士任院长。

2. 在教师队伍方面，人事制度保障改革、优秀人才成长汇聚。2010 年学校启动人事制度改革工作，计算机系积极响应、主动先行。2012 年开始制定计算机系人事制度改革方案，根据工科特点和计算机系情况，制定了始终兼顾“国际一流”和“国家急需”，始终坚持“保持优势”和“平稳过渡”的指导原则。2013 年，完成了“计算机系人事制度改革与教师聘任管理办法”（初稿），随后不断征求意见，修改补充完善。2014 年计算机系成立“计算机系深化人事制度改革、加强教师队伍建设工作小组”，并召开教授扩大会征求意见。同年，学校正式批复“计算机系人事制度改革与教师聘任管理办法”，并召开会议正式启动计算机系人事制度工作。到 2016 年底，历时两年时间，现有教师向教研系列过渡 47 人、向教学系列过渡 7 人、向研究系列过渡 19 人，基本完成了计算机系的人事制度改革工作。2017 年开始，已经正常进行新系列教师的职称晋升和人才引进工作。目前，计算机系教师中有教研系列 58 人、教学系列 7 人、研究系列 23 人。其中，包括中国科学院和工程院院士 5 人，国家海外高层次人才引进计划（千人计划）特聘教授 2 人和国家青年海外高层次人才引进计划（青年千人）入选者 1 人，教育部“长江学者奖励计划”特聘教授 8 人、讲座教授 5 人和青年学者 3 人，国家杰出青年科学基金项目获得者 14 人和优秀青年科学基金项目获得者 11 人。

其中，近十年新增中国工程院院士 1 人（吴建平）和中科院院士 1 人（王小云），国家千人计划特聘教授 2 人和青年千人入选者 1 人，教育部“长江学者奖励计划”特聘教授 3 人和青年学者 3 人，国家杰出青年科学基金项目获得者 8 人和优秀青年科学基金项目获得者 11 人。特别值得一提的是，上述优秀教师中的大多数是在清华大学完成博士学业并留校任教的，这是计算机系潜心学科发展与教师队伍建设工作的重要成果。

3. 在科学研究方面，攻坚克难国际一流、服务国家硕果累累。近十年计算机系实现了科研成果从数量到质量的飞跃。在高水平学术论文发表方面捷报频传。2008 年刚刚在国际高水平学术会议和期刊论文上崭露头角，2018 年已经在国际高水平学术会议和期刊论文上大放光彩。根据美国马萨诸塞大学（University of Massachusetts）大学的全球计算机领域高水平论文发表情况（CS Rankings）统计，清华大学计算机学科 2009–2018 年发表的高水平学术论文数量位列全球计算机学科第 8 位。近十年来，越来越多的重要国际学术会议最佳论文奖或最佳学生论文奖被清华大学计算机学科师生斩获，越来越多的教师出任国际顶级学术会议的大会主席或程序委员会主席。在服务国家重大战略方面成果丰硕。主持运行的我国完全具有自主知识产权“神威·太湖之光”超级计算机系统，连续 4 次位列全球超级计算机 500 强榜首，依托“神威·太湖之光”开发的超级计算机应用系统，连续 2 年荣获 ACM 国际超级计算机应用领域最高奖“戈

登 • 贝尔”奖，实现了我国在该奖项上零的突破。主要采用自主 IPv6 核心路由器研制成功的 CNGI-CERNET2 成为全球最大的纯 IPv6 下一代互联网，IPv6 真实源地址验证技术和下一代互联网过渡技术及其国际互联网 IETF 标准世界领先。若干人工智能和大数据方面的研究成果、系统和平台已经在国内外产生了重要影响。2009–2018 年，作为第一完成单位共获得国家自然科学一等奖 1 项、二等奖 3 项，国家技术发明二等奖 5 项，国家科技进步二等奖 1 项。

4. 在教育教学方面，厚基础宽口径兼顾、国际研究创新并举。计算机系坚持“宽口径、厚基础”的培养理念，实施通识教育基础上的宽口径专业教育，坚持理论与应用实践相结合，以创新意识养成为核心，培养世界高水平的研究型、复合型计算机创新人才。计算机系共开设 100 余门本科生课程，80 余门研究生课程，其中 7 门入选国家级精品课程，28 门入选清华大学精品课程，数十本教材入选国家级、省市级和校级精品及规划教材，吴文虎、郑纬民、杨士强等被评为北京市教学名师。计算机系注重教学理念方法与时俱进，积极投身席卷全球的大规模在线教育（MOOC）的浪潮，牵头研发了清华大学校级中文慕课平台，参与组建了教育部在线教育研究中心和清华大学大规模在线教育研究中心，并大力支持教师开设慕课课程，成为全校制作慕课课程最多和吸引学习人数最多的院系。在 2017 年认定的首批国家精品在线开放课程中计算机系共有 6 门课程入选，《数据结构》课程教师邓俊辉更是荣获“清华大学新百年教学成就奖”。计算机系注重建立教育教学的国际视野，努力培育国际培养项目，2010 年开始设置“先进计算”全英文硕士项目，2016 年开始组织国际暑期学校，2017 年开始设置全英文博士项目，面向全球招生。现已招收百余名国际学生，相当一部分学生来自英国剑桥大学（University of Cambridge）、英国伦敦帝国理工学院（Imperial College London）、英国伦敦大学学院 (University College London)、法国巴黎中央理工学院（Ecole Centrale Paris）等世界名校。全英文项目中的部分课程荣获教育部“来华留学品牌课程”称号。计算机系还积极支持全球创新学院 (Global Innovation Exchange)（简称 :GIX，下同）的建设，与美国卡内基梅隆大学（Carnegie Mellon University）（简称 :CMU，下同）合作开设了联合培养双硕士学位项目，与德国汉堡大学（Universität Hamburg）合作开展了博士生联合培养，不断提升计算机系教育教学的国际化水平。从 2017 年开始，计算机系、软件学院和交叉信息研究院组成计算机大类本科生统一招生，连续两年位于全校本科生招生质量前列。

5. 在学生培养方面，立德树人三位一体、又红又专全面发展。2009–2018 年计算机系共培养毕业本科生 1456 人，博士生 769 人，工学硕士 1384 人，工程硕士 900 人。计算机系经过实践探索建立了以“贯天、接地、通心、树人”为主要理念的基层党建工作理念和方法。在全面推进高等教育综合改革的关键性时期，确保师生员工团结一心，汇聚起推进改革和进步的正能量，为学科建设和人才培养中心工作保驾护航。在基层组织建设、思想教育创新、关心在职及离退休教职工等方面开展了一系列行之有效的工作，确保了团结全体师生员工，促进学科融合，共同建设世界一流的计算机学科。在此基础上，探索建立了“全师生、全过程、全覆盖”的人才培养体系，统筹以教师队伍和学生工作队伍为主的教育力量，规划从本科生到研究生阶段的教育过程，培养了一大批肩负国家使命的治国栋梁，引领计算机学界潮流的学术大师，以及在业界叱咤风云的兴业之士。通过学术新星培育计划、“计算未来”博硕论坛、“计算人生”系友论坛、园丁计划等培养项目，有力提升了学生的专业意识与创新能力。在本科生培养方面，数十名本科生在国际顶级会议和期刊上发表论文；累计8次捧得清华大学学生科创竞赛最高荣誉挑战杯；近十年共有8个项目获得校挑战杯特等奖或一等奖，2017年获得全国挑战杯特等奖；“智能体大赛”成为风靡全国的人工智能算法舞台；计算机系学生超级计算机团队（简称：超算团队，下同）从2012年组建以来，在世界大学生超级计算机竞赛（简称:ASC，下同）、国际大学生超算竞赛（简称:ISC，下同）和全球超级计算机竞赛（简称:SC，下同）三大国际性大学生超算竞赛中累计获得10项冠军，在各参赛高校和机构中雄踞榜首。在研究生培养方面，近年来也开始有多位优秀博士毕业生在美国哥伦比亚大学（Columbia University）、美国罗格斯大学（Rutgers University）、美国杜克大学（Duke University）、英国卡迪夫大学（Cardiff University）、德国哥廷根大学（Georg-August-University Goettingen）等世界著名高校获得教职。

6.在国际化建设方面，加强国际交流合作、培养全球高端人才。全球计算机系师生在国际学术和产业舞台上扮演着越来越重要的角色。计算机系成为国际顶级学术大师、国际知名跨国公司专家学者到访我国的重要目的地，仅以2018年为例，为了庆祝建系六十周年，多位图灵奖获得者、美国和英国院士、ACM/IEEE会士等著名学者应邀来计算机系做系列学术报告，学术交流气氛热烈。计算机系通过举办高水平的国际及双边学术会议和研讨会，鼓励师生走上计算机科学与技术的国际舞台，促进学科建设发展。近年来，一批在国内首次举行的重要国际会议，均有我系教师担任重要组织工作。计算机系与众多国外顶级高校建立了学生交流项目，如加拿大滑铁卢大学（University of Waterloo）联合培养项目、美国卡内基梅隆大学（CMU）暑期研究训练项目等，每年有300多位同学利用暑期访学或实践的机会，游学欧美高校或参加顶级会议。计算机系与国外著名大学开始建立联合研究中心，合作开展科学研究，例如：与新加坡国立大学建立了我系第一个海外联合研究中心NeXT，两期十年投入约1亿人民币，许多学生和老师到新加坡国立大学合作开展研究。与谷歌、脸书等知名跨国企业的交流合作已成常态。

以上十年间的简介，虽很不全面，但足以勾勒出清华大学计算机系近年来令人骄傲的发展轮廓。在这些成绩面前，我们更加怀念和由衷感谢以首任系主任钟士模先生为代表、为我系创立和发展做出巨大贡献的先贤前辈们，是他们前赴后继，克服万难，不忘初心，砥砺前行，才得来今天建系六十周年之际的喜人形势。他们将永远被我们铭记和怀念。感激之外，我们更应该不忘初心、牢记使命。2017年底清华大学发布了一流大学建设方案，确定学校中长期发展目标为："2020年达到世界一流大学水平、2030年迈入世界一流大学前列、2050年前后成为世界顶尖大学"。计算机学科是清华大学的优势学科，在未来五到十年之间，努力将计算机学科真正建成世界一流的计算机学科是我辈义不容辞的责任。反思历史，早在电子计算机萌芽时期，计算机科学的先驱者们就开始思考计算科学的本质问题：阿兰·图灵1950年发表论文"计算机器与智能"（Computing Machinery and Intelligence）中就提出"机器能否像人一样思考"的命题；约翰·冯·诺依曼在遗作《计算机与人脑》（The Computer and the Brain）中将计算机和人脑进行对比，为计算机设计与研究指出了方向。在这些跨越时空的先贤们思考的指引下，计算科学已经为人类社会发展和文明进步带来天翻地覆的变革，被认为是继蒸汽革命、电气革命之后的又一次科技革命。在过去六十年的大部分时间里，清华大学计算机学科在国际上仅居学习和跟随地位，虽然近十年来我们取得了一些可喜成绩，但在日新月异的世界发展大势面前，我们必须有强烈的危机意识，必须清醒地认识到与历史悠久的数学、物理学、化学等学科相比，计算科学的宏伟大厦远未落成，我们肩负着推动我国计算机学科发展与人类计算科学创新进步的历史使命。我们不仅要将科研成果写到高水平论文中、写到国家奖证书上，更应做出在计算机学科和计算科学史上具有奠基性和颠覆性的工作，将科研成果写到对社会有深远影响的技术产品和经典教科书中。这是我们站在新的历史起点上，启智人类新百年的奋斗目标。"智圆行方"，如同每台计算机系统中连绵不绝的0和1的序列，"智圆"和"行方"格物致知的精神，也在每个清华大学计算机人的血脉中生生不息。六十年对个人而言很长，但对于清华大学计算机学科发展历史而言又很短暂，引领全球计算机学科奋进之路才刚刚开始。周虽旧邦，其命维新。清华大学计算机学科发展的接力棒已经交到新一代计算机人的手里。清华大学计算机人将不忘初心，牢记使命，载圆履方，百折不挠，为早日建成"世界一流、中国特色、清华风格"的计算机学科而不懈奋斗！

写于清华大学计算机科学与技术系建系60周年前夕

校长有约
清华大学人工智能研究院成立仪式
清华-谷歌AI学术研讨会开幕式
ASC18总决赛闭幕式暨颁奖仪式
ASC Final Closing Ceremony and Award Ceremony
清华大学计算机科学与

清华大学计算机科学与技术系编年史

2009

2月，由我系主办、北京市计算机学会协办的加拿大计算机竞赛（北京赛区）暨清华大学程序设计邀请赛在清华大学举行。来自北京市15所中学的90余名同学参加了此次比赛。

7月，清华大学－新加坡国立大学下一代搜索技术联合研究中心（简称NExT中心）在我系成立，孙茂松和新加坡国立大学计算机学院创院院长蔡达成（Tat-Seng Chua）教授任共同主任，这是我系在海外建立的第一个高水平国际联合研究中心。清华大学－滑铁卢大学互联网信息获取联合研究中心在我系成立，朱小燕任主任。

8月，首届清华－京都大学面向知识社会的智能技术与信息管理研讨会在我系举行。同月，我系协办的第十一届京港国际博士生学术论坛在香港中文大学举行。香港中文大学刘遵义校长热情接待了包括张钹院士、孙茂松在内的一批学者和来宾。

11月，我系举行首次西贝尔奖学金颁奖仪式。清华大学成为“西贝尔学者计划”的第11个成员大学，也是该计划中唯一一所美国本土之外的大学。

同月，系党委书记、计算机实验教学示范中心主任杨士强率领的计算机实验教学示范中心考察团赴美国中西部大学考察学习。

12月，北京市可视媒体智能处理与内容安全工程研究中心在我系成立，胡事民任主任。清华大学密码理论与技术研究中心在我系成立，王小云任主任。

是年，我系实到科研经费人民币8715万元。赵有健获得第十一届中国青年科技奖。舒继武获得国家杰出青年基金资助。胡事民入选国家“百千万人才工程”。冯建华获得中国计算机学会青年科学家奖，这是我系教师首次获得该项荣誉。朱小燕在加拿大IRCI项目中竞聘为讲席教授并获100万加元项目资助。蔡维德获聘“长江学者奖励计划”讲座教授。加拿大滑铁卢大学李明教授被聘为我系客座教授。

吴文虎牵头的“计算机公共基础系列课程”教学团队被评为国家级教学团队。温冬婵主持的“汇编语言程序设计”课程被批准为国家精品课程。我系计算机科学与技术专业入选北京市级特色专业建设点。胡事民主持的“计算机图形学基础”入选北京市精品课。《C++程序设计教程》（第二版）、《计算机网络原理实验教程》《嵌入式系统原理与应用开发》《数据结构与算法——Java语言描述》《Java语言程序设计》《Java语言应用开发基础》《数据库系统设计与原理》（第二版）、《计算机组成与结构》（第四版）入选北京高等教育精品教材。郑纬民获评为北京市高等学校教学名师。

系党委全面开展学习实践科学发展观系列活动，认真制定落实方案。邀请诺贝尔物理奖得主杨振宁先生与2009届毕业班计51班（国防生班）进行了座谈。

“清华大学-滑铁卢大学互联网信息获取联合研究中心”签字仪式（前排左一为副校长康克军）

系党委书记杨士强带领6所高校计算机实验教学示范中心代表考察美国大学

校党委常务副书记、副校长陈旭（前排左五）与返校系友合影

4版 2009年4月17日 编辑：邱默 校对：流云 学堂 TSINGHUA WEEKLY 新清华

书记主任谈科学发展

科学发展为指导

以科学发展观为指导 推动计算机学科更好更快发展

●计算机系 孙茂松

我校计算机学科经过不懈奋斗，各方面均取得了可喜成绩，在全国计算机科学与技术一级学科评估中名列首位。但同时，我们也面临着严峻的挑战。当前，深入学习实践科学发展观活动的开展，给我们提供了一个认真思考总结过去、科学规划未来发展策略的契机。

对基层单位而言，深入学习实践科学发展观的关键在于先进的理论必须与本单位的具体实际紧密结合，从科学发展的角度查找制约本单位发展的突出问题，以科学发展的思想为指导分析并解决这些问题，达到又好又快发展的目的。在认真学习科学发展观的过程中，通过全系师生的广泛讨论和交流，我们逐步形成了一些共识，成为今后我系工作的认识基础，这可用6句话、18个字来概括：

“树雄心”：目前部分教师在科研上存在“小富即安”的倾向，偏好“侠客”式的个体研究，片面追求论文。我们必须要引导教师树立雄心，否则就可能丧失在计算机系统与工程方面成就大事的必要条件，就可能错失当前面临的发展机遇。

“谋大事”：不谋长远者，不足以谋一时，不谋全局者，不足以谋一域。只有敏锐地抓住计算机学科发展中可能影响“长久”和“全局”的“大事”，才能产生深远的影响，才能从根本上占据主动。不谋大事，就难以谋求真正的科学发展。在这一点上，我们还需要进一步深化认识。

“抓重点”：没有重点，一个系的工作便没有了灵魂。一旦“大事”谋定，“抓重点”就是水到渠成的了，否则难以下决心有选择地投入资源，抓住重点求突破。这也是我们工作的薄弱环节之一。

“求极致”：为适应多条战线同时作战（国际前沿与国家需求，科研与教学等），我们日益认识到，对教师的基本考核不能“一刀切”，不能“求全责备”。不同的战线需要不同标准才能恰当地衡量定位。以个体科研探索为主的教师，论文一定要强到令国际同行刮目相看；以教学为主的教师，一定要做到“笑脸”一大片；对于不属于上述范畴的教师，就需要面向大项目、大工程，在一个“团队”中找到适当位置，并在那个位置上把“螺丝钉”的作用发挥到极致。

“举才俊”：科学发展观的核心是以人为本，一流的人才更是一个系发展的根本所在。清华建设世界一流大学的战略任务使得这一点更为急迫。“将营大厦，不忧乎群材之不足，而忧乎梁栋之不可得”。美国国家科学委员会《科学与工程导引2008》给出的数据显示，985年~2005年间，大陆和香港地区在美获得博士学位者，计算机科学1360人、物理学8934人、生物科学9957人。换言之，祖国大陆在美获计算机科学博士学位者年均大概不超过68人。可以想象，微软、谷歌、英特尔和IBM等一批IT企业以及硅谷的存在，加上美国的大学、国家实验室，这区区68人的就业人数每年会被比较轻松地消化掉（欧洲、澳大利亚、香港等还会吸纳一部分）。因此，在一流人才队伍建设，尤其在一流人才引进方面，计算机学科存在着天然的困难，我们必须正视并付出更大的努力去克服这个困难。

“理机制”：贯彻落实科学发展观，离不开机制上的保障。要将以上5点落到实处，需要我们对还不适应科学发展要求的机制进行梳理和深层次的改革。

在学习实践科学发展观活动的下一阶段，我们将在调研、讨论的基础上，认真检查分析，继续充实、完善发展理念，提高思想认识。我们有信心变认识为动力，把科学发展观落在我系工作的实处，解放思想，脚踏实地，推动我校计算机学科更好更快发展，迈向更高水平。

系主任孙茂松在《新清华》上发表文章

北京市高等学校教学名师郑纬民

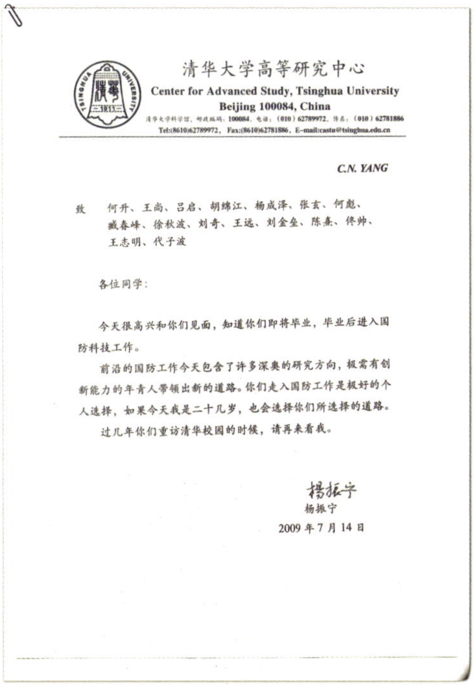

清华大学高等研究中心

Center for Advanced Study, Tsinghua University

Beijing 100084, China

清华大学科学馆，邮政编码：100084，电话：（010）62789972，传真：（010）62781886

Tel:(8610)62789972，Fax:(8610)62781886，E-mail:castu@tsinghua.edu.cn

C.N. YANG

致 何升、王尚、吕启、胡绵江、杨成泽、张玄、何彪、臧春峰、徐秋波、刘奇、王远、刘金垒、陈鑫、佟帅、王志明、代子波

各位同学：

今天很高兴和你们见面，知道你们即将毕业，毕业后进入国防科技工作。

前沿的国防工作今天包含了许多深奥的研究方向，极需有创新能力的年青人带领出新的道路。你们走入国防工作是极好的个人选择，如果今天我是二十几岁，也会选择你们所选择的道路。

过几年你们重访清华校园的时候，请再来看我。

杨振宁

杨振宁

2009年7月14日

杨振宁先生寄语计51班（国防生班）毕业生

诺贝尔奖获得者杨振宁先生与计51班（国防生班）毕业生合影

2005级本科生毕业合影（前排左十二为系党委书记杨士强）

2009届研究生毕业合影（前排左五为系主任孙茂松，左六为系党委书记杨士强）

计算机科学与技术

2010

2月，我系在中国人民解放军总政治部沙河培训基地召开了2010年队伍建设和学科发展战略研讨会。系主任孙茂松针对计算机系学科建设问题，明确提出了现阶段“Vision 决定成败”的观点。近百名教职工参加了会议。

4月，系主任孙茂松作为由顾秉林校长率领的“百年清华，百名师生访美交流代表团”的成员，参加了由加利福尼亚大学伯克利分校（University of California, Berkeley）和清华大学共同主办的“伯克利－清华周”系列活动，包括物理学研讨会、全球技术创业项目研讨会、技术研讨会以及中美高等教育研讨会。

6月，首届全国计算机学科博士后论坛在我校成功举行，系党委书记、博士后流动站站长杨士强代表论坛指导委员会致辞，原教育部副部长、全国计算机学科第一位博士后赵沁平教授等做了特邀报告。

7月，在荷兰举行的第78届国际互联网工程组织IETF大会上，国际互联网协会（Internet Society）将2010年乔纳森·波斯塔尔奖（Jonathan B. Postel Awards）颁给吴建平。

同月，孙茂松、周立柱及我系智能、软件、媒体、高性能4个研究所的十余名教师参加了清华大学－新加坡国立大学下一代搜索技术联合研究中心（NExT中心）首次学术研讨会。随后在9月，康克军副校长、张钹院士、系主任孙茂松出席了在新加坡国立大学举行的NExT中心管委会第一次全体会议。

8月19-20日，清华大学组织对计算机学科开展了首次国际评估。国际评估委员会由7位全球著名计算机科学家组成，主席为图灵奖获得者、美国康奈尔大学（CU）John Hopcroft院士。我系、软件学院、理论计算机科学研究中心和信息网络工程研究中心参加了此次评估，我系负责评估的组织与协调工作。8月19日上午，系主任孙茂松主持了工作汇报会议，校党委书记胡和平出席并致辞。姚期智先生向国际评估委员会介绍了我校计算机学科建设的教学、科研、管理等各方面的整体情况。在随后的两天中，国际评估委员会认真听取了教学、课程和各研究领域的专题汇报，着重考察了理论计算机科学研究中心、网络中心和教学实验室，并与部分教师和学生进行了座谈，全面了解、充分掌握了学科发展现状。8月20日下午，国际评估委员会召开评估意见反馈会议，副校长袁驷出席。国际评估委员会对清华大学计算机科学与技术学科的建设工作给予了高度评价，认为：“清华大学建设世界一流大学这一战略任务亟需建设一个在某些研究领域具备国际领导地位的世界级计算机学科。清华大学的计算机科学与技术学科在过去几年里取得了巨大的进步，已经崛起为世界级（World-Class）的计算机科学研究与教学机构之一”。国际评估委员会还就清华计算机学科的发展提出了十条战略性意见。

9月，我系召开计算机学科国际评估总结会暨“985”三期规划战略研讨会。

同月，第一届北京国际神经与认知计算研讨会（WNCC 2010）在清华大学召开，其间举行了清华大学神经与认知计算讲席教授组聘任仪式。讲席教授组由加利福尼亚大学旧金山分校（Universyty of California, San Francisco）教授、美国科学院院士 Michael Merzenich 领衔。我系举行了首届“先进计算全英文硕士项目”开学仪式。该项目由周立柱负责组织和实施。

12 月，我系完成新一届行政班子换届工作，吴建平任系主任，孙茂松被任命为系党委书记。

同月，清华大学（计算机系）—腾讯科技（深圳）有限公司互联网创新技术联合实验室成立仪式在清华大学举行。清华大学党委书记胡和平和腾讯公司董事会主席、首席执行官马化腾代表双方共同为联合实验室揭牌。胡事民任联合实验室主任。

是年，我系实到科研经费人民币 1.5 亿元。孙茂松主持完成的 ISO 24614-1《语言资源管理——书面文本的分词——第一部分：基本概念与一般原则》正式成为国际标准。胡事民负责的“面向数字工厂设计的三维模型集合处理技术”获得教育部技术发明一等奖。林闯负责的“计算机网络的随机模型与性能优化”获得中国电子学会电子信息科学技术一等奖。胡事民作为首席科学家负责的“网络海量可视媒体智能处理的理论与方法”项目获得国家 973 计划项目滚动资助。马少平当选为中国人工智能学会副理事长。我系聘任德国哥廷根大学傅晓明教授为长江学者讲座教授。我系博士后流动站再获全国优秀博士后流动站荣誉称号。来煜坤的博士学位论文“特征敏感几何处理”（指导教师：胡事民）获得全国优秀博士学位论文。庞一等的论文获得 IEEET-CSVT 2010 最佳论文奖，布凡等的论文获得 COLING 2010 最佳论文奖。刘奕群获得中国中文信息学会钱伟长中文信息处理科学技术奖汉王青年创新一等奖，这是我系教师首次获得该项荣誉。唐杰获得清华大学学术新人奖。胡事民负责的“计算机图形学基础”入选国家级精品课程。我系主持的“高层次创新型计算机专业博士生培养体系”获 2010 年北京市教学成果一等奖。杨士强被评为北京市师德先进个人。

系党委积极开展实践科学发展观活动和创先争优工作，围绕“深入实施科教兴国战略和人才强国战略，加快建设创新型国家”，做好学科规划，明确重点方向，加快计算机学科发展。我系举办“名师带我到前沿”研究生入学教育系列活动，国家信息化专家咨询委员会副主任邬贺铨院士、解放军总参谋部某研究所总工程师于全院士、腾讯公司副总裁兼联席首席技术官熊明华先生、阿里巴巴集团首席架构师王坚博士等进行了精彩分享。

International Review of Tsinghua Computer Science and Technology

08/19/2010

清华大学计算机学科国际评估委员会全体成员与胡和平书记、部分教师合影

清华大学计算机学科国际评估工作汇报会议

清华大学计算机学科国际评估意见反馈会议

国际评估委员会评估报告

吴建平获国际互联网协会ISOC主席颁发的乔纳森·波斯塔尔奖

吴建平与部分评审委员合影

孙茂松主持完成国际标准ISO 24614-1《语言资源管理——书面文本的分词——第一部分：基本概念与一般原则》

首届全国计算机学科博士后论坛在我校举行

清华大学–新加坡国立大学下一代搜索技术联合研究中心首次学术研讨会

新加坡国立大学陈祝全校长（左二）、陈永财副校长（左一）、黄铭钧院长（右二）与清华大学康克军副校长（中）、张钹院士（右一）合影

北京市师德先进个人报告会上，学生向杨士强献花

第一届北京国际神经与认知计算研讨会在清华大学召开

庞一等的论文获得IEEET-CSVT最佳论文奖

布凡等的论文获得COLING 2010最佳论文奖

首届“先进计算全英文硕士项目”开学仪式

2006级本科生毕业合影（前排左十为系主任孙茂松，左九为系党委书记杨士强）

2010届研究生毕业合影

2011

4月20日，胡锦涛总书记视察清华大学下一代互联网国家工程实验室。他来到中国下一代互联网示范工程网络运行中心演示厅，考察中国下一代互联网示范工程第二代中国教育和科研计算机网主干网的建设情况。计算机系主任、国家工程实验室主任吴建平教授向总书记汇报了下一代互联网的建设和研究成果。总书记详细询问了IPv4向IPv6过渡的问题，表示要抓住IPv6发展的战略机遇，统一标准，推动IPv4向IPv6的转化。

同月，我系决定设立的“计算机系钟士模奖学基金”与“计算机系思源基金”签约、捐赠仪式在工字厅东厅举行。“计算机系钟士模奖学基金”用于奖励计算机系品学兼优的学生，“计算机系思源基金”用于资助生活困难的学生与教师。

同月，为了进一步提升本科生教学质量，达到世界一流计算机学科本科生培养水平，在百年校庆前，我系出版了《清华大学计算机科学与技术学科本科专业教育培养体系》。

同月，我系在东主楼系馆隆重举行了“纪念钟士模先生百年诞辰座谈会暨钟士模先生塑像安放仪式”。原教育部副部长周远清（1962届系友、原系主任）、原科技部副部长马颂德（1968届系友）、校党委常务副书记陈旭、中国工程院院士吴佑寿（1948届校友）、中科院院士吴宏鑫（1965届系友）、中科院院士欧阳钟灿（1969届系友）、校务委员会副主任张再兴（1970届系友）、计算机系主任吴建平、电机系党委书记赵伟、自动化系主任周东华、电子系主任王希勤、钟先生亲属代表钟道彩、计算机系历任领导、老学长代表以及师生代表50余人出席。系党委书记孙茂松主持了此次活动。

同月，经系党委书记孙茂松向谷歌中国教育合作部经理朱爱民建议，并与青海大学计算机主任周立柱商定，谷歌在清华大学百年华诞之际，支持建立了“清华大学携手Google助力西部教育”项目。该项目辐射西部五省区高校，将在教师队伍建设、课程建设、大学生人才培养等方面引入资源和资金到西部高校。4月14日，项目签约仪式在清华大学举行。校党委常务副书记陈旭以及分别来自青海大学、新疆大学、贵州大学、宁夏大学、云南大学的五位校领导出席了签约仪式。项目由周立柱负责组织和实施。

9月，普适计算领域国际高水平学术会议UbiComp 2011在我校召开，史元春担任大会主席。

10月，系党委完成换届选举工作，孙茂松担任系党委书记职务。

12月，《科技日报》头版报道“清华大学——搜狐搜索技术联合实验室”产学研合作经验。报道认为，联合实验室的成立对搜狐在浏览器和搜索引擎等领域的创新能力提升起到了重要的作用，并对这一产学研模式予以了充分的认同。

同月，计算机系新一届班子结合学校“985三期”和“十二五”学科建设规划，带领全系历时一年制定完成了计算机系“十二五”学科和发展规划。制定了“均衡发展、重点突破、分类管理、理顺体制”的指导思想，“2020年达到世界前30名左右的学科排名，教学科研系列教师力争达到世界前30名教师水平。”的学科发展目标。在科研工作方面，强化源头，凝练重点，重点凝练计算机学科的重大项目方向。

是年，我系实到科研经费人民币1.5亿元。我系荣获2011年中国计算机学会杰出贡献奖。林闯负责的“计算机网络资源管理的随机模型与性能优化”获得国家自然科学二等奖。胡事民负责的“特征敏感的三维模型几何处理技术及应用”获得国家技术发明二等奖。吴建平、温江涛入选美国电子与电气工程师协会会士（简称 IEEE Fellow）。温江涛获得国家杰出青年基金资助。胡事民负责的“网络海量可视媒体智能处理”团队入选教育部创新团队。郑纬民当选中国计算机学会理事长。国际互联网工程任务组（Internet Engineering Task Force，IETF）发布公告，我系教师崔勇被推选为 IPv6 过渡技术工作组主席，这是我国科研工作者首次在 IPv6 下一代互联网核心技术领域担任工作组主席。国家青年“千人计划”入选者裴丹进入我系工作，是我系第一位青年“千人计划”入选者。

本科“计算机科学与技术”专业及工程硕士“计算机技术”入选教育部 2011 年卓越工程师计划。《微型计算机技术及应用》（第四版）、《微型计算机技术及应用——习题实验题和综合训练题集》（第四版）、《C++ 程序设计基础教程》《C++ 语言程序设计》（第四版）、《智能卡技术（第三版）——IC 卡与 RFID 标签》《计算机网络与 Internet 教程》获北京市高等教育精品教材。温江涛指导电子系学生陆垚完成的 SRT 项目“恶劣环境视频增强算法研究及硬件实现”获得全国“挑战杯”特等奖。本科招生采取新举措，首次举办“清华大学信息学体验营”，吸纳国内优秀学生。

系党委深入学习领会和贯彻落实胡锦涛总书记在清华大学百年校庆中提出的“三个结合”要求，要求全体党员把学习和工作落到实处，在各自平凡的岗位上创先争优，并提出了“青有所立，中有所成，老有所谋，退有所依”的总体工作思路。

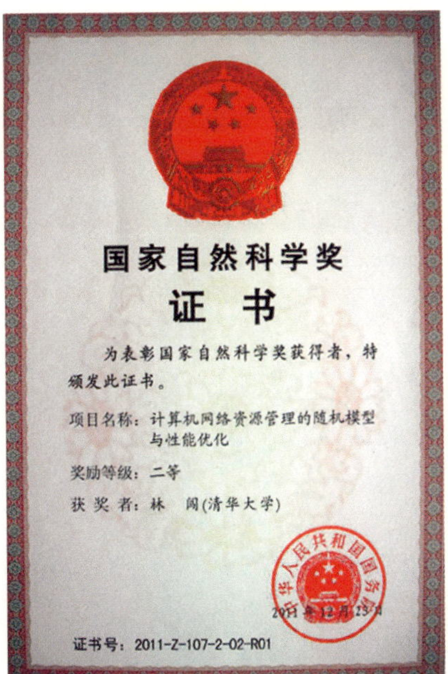
国家自然科学奖
证书
为表彰国家自然科学奖获得者，特颁发此证书。
项目名称：计算机网络资源管理的随机模型与性能优化
奖励等级：二等
获奖者：林闯(清华大学)
2011年12月23日
证书号：2011-Z-107-2-02-R01

林闯负责的“计算机网络资源管理的随机模型与性能优化”获得2011年国家自然科学奖二等奖

国家技术发明奖
证书
为表彰国家技术发明奖获得者，特颁发此证书。
项目名称：特征敏感的三维模型几何处理技术及应用
奖励等级：二等
获奖者：胡事民(清华大学)
2011年12月23日
证书号：2011-F-220-2-01-R01

胡事民负责的“特征敏感的三维模型几何处理技术及应用”获得2011年国家技术发明奖二等奖

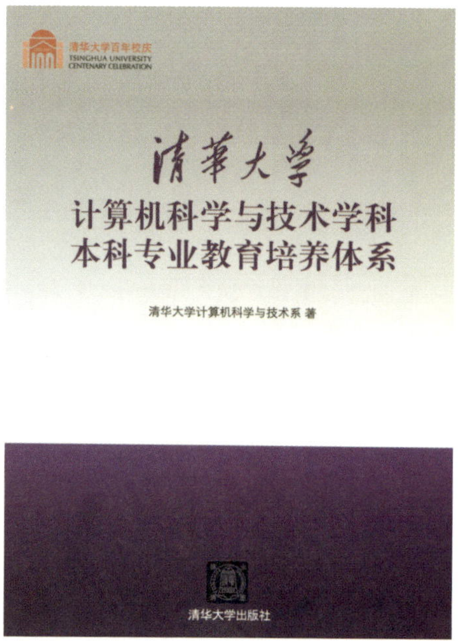

《清华大学计算机科学与技术学科本科专业教育培养体系》正式出版

“钟士模奖学基金与思源基金”捐赠仪式

ACM UbiComp 会议现场
史元春任大会主席

“高校–腾讯校企合作开放平台”在清华大学综合体育馆（曹光彪馆）正式启动

郑纬民当选中国计算机学会理事长

2007级本科生毕业合影（前排左十二为系主任吴建平，左十三为系党委书记孙茂松）

2011届研究生毕业合影（前排左十一为系主任吴建平，左十为系党委书记孙茂松）

2012

1 月，国家“千人计划”入选者朱文武进入我系工作，是我系第一位“千人计划”入选者。

4 月，首届中国大学生超级计算机竞赛在我校举行，清华大学代表队取得冠军。同年 6 月，清华大学代表队代表中国参加了在德国汉堡举办的 ISC 2012 国际大学生超级计算机竞赛总决赛，并获得总冠军。清华大学代表队队员包括我系徐世真、程芃祺、任一恒、吕子鉷、廖俊峰、杨弋 6 位同学。

5 月，由我系积极参与的“清华大学－腾讯科技（深圳）有限公司工程实践教育中心”获教育部批准，成为国家级工程实践教育中心。

6 月，系主任吴建平和卡内基梅隆大学（CMU）计算机学院院长 Randal Bryant 在清华大学签署“清华 -CMU 计算机双硕士学位项目”协议书。此项目是 CMU 在中国国内的首个双学位项目。

10 月，系党委作为六个二级党委之一顺利完成了北京市教育工作委员会入校检查工作。

12 月，计算机系校友会（简称系友会）暨发展基金成立大会在主楼接待厅举行。凌瑞骥、周远清、张福森、陈元、楼继伟任第一届系友会名誉会长，吴建平任会长，孙茂松任常务副会长，周远清、张凤昌出席大会并致辞。

是年，我系实到科研经费人民币 1.1 亿元。汪成为院士、李未院士、何新贵院士、李国杰院士、陈左宁院士续聘为我系兼职教授。胡事民负责的“可视媒体集合计算的理论与方法”获得教育部自然科学一等奖。吴建平负责的“下一代互联网 4over6 过渡技术及其应用”获得中国通信学会科学技术一等奖，“可扩展、可重构的开放式路由交换软件平台与开发环境”获得中国电子学会电子信息科学技术一等奖。胡事民入选国家“万人计划”科技创新领军人才。史元春获聘长江学者特聘教授。任丰原获得国家杰出青年基金资助。朱文武被评为 ACM 杰出科学家。唐杰获得国家优秀青年基金资助，这是我系教师首次获得该项荣誉。杨士强被评为北京市高等学校教学名师。王智等的论文获得 ACM Multimedia 2012 最佳论文奖。布凡等的论文获得 ACL 2012 最佳学生论文奖。方展鹏获得清华大学特等奖学金。唐文斌获得清华大学“挑战杯”特等奖。

系党委认真学习和贯彻党的十八大精神，在全系范围内积极组织开展“创先争优做表率，师生支部心连心”活动，以“创先争优”为契机，促进师生支部的共同发展。我系人机交互与媒体集成研究所被评为 2012 年度清华大学先进集体。

计算机系校友会、发展基金揭牌仪式

计算机系校友会暨发展基金成立大会

计算机系校友会暨发展基金成立大会与会人员合影

国家“千人计划”入选者朱文武入职我系

北京市高等学校教学名师杨士强

计算机系党委迎接北京市教育工作委员会工作检查

我系师生在ACM Multimedia多媒体学术会议上获最佳论文奖（左二为朱文武，右二为王智）

布凡等的论文获得ACL 2012最佳学生论文奖

2012

2008级本科生毕业合影（前排左八为系主任吴建平，左九为系党委书记孙茂松）

2012届研究生毕业合影（前排左六为系主任吴建平，左七为系党委书记孙茂松）

2013

1月，教育部学位与研究生教育发展中心发布了2012年学科评估结果。我校计算机科学与技术学科在全国排名第一，软件工程学科全国排名并列第一。

同月，清华大学—悉尼科技大学量子计算与人工智能联合研究中心成立，应明生任主任，朱小燕任常务副主任。

4月，作为清华大学－青海大学对口支援工作之一，继我系教师黄维通之后，史元春担任青海大学计算机系第三任系主任。校党委书记胡和平、常务副书记陈旭，青海大学党委书记乔正孝，校长梁曦东等出席了任职会议。

同月，我系校友会（简称系友会）常务理事会第一次会议在系馆103会议室举行。系党委书记、系友会常务副会长孙茂松以及副会长杨士强、王小川等近30位常务理事参加了会议，系党委副书记、系友会秘书长许斌主持会议。

8月，我系协办第23届国际人工智能联合会议（IJCAI 2013），IJCAI是人工智能领域的顶级国际会议，也是这个系列国际会议第一次在中国举行。清华大学是本次会议的组织单位之一。孙茂松担任大会组织委员会共同主席。

9月，清华大学（计算机系）—北京三星通信技术研究有限公司智能媒体计算联合实验室成立，朱文武任主任。

10月，清华大学"学堂在线"大规模开放在线课程（MOOC）平台新闻发布会在清华大学举行。教育部高教司司长张大良、副校长袁驷、edX主席Anant Agarwal、平台负责人孙茂松出席发布会并致辞。在此之前，清华大学加入了由哈佛大学、麻省理工学院联合发起的MOOC平台edX。在学校的统一部署和领导下，我系联合相关院系成立了清华大学大规模在线教育研究中心，并在研究中心主任孙茂松带领下，组建了技术研发团队，通过近100天的奋战，开发出了我校大规模在线教育平台"学堂在线"（XuetangX）并且投入使用，在国内外产生了积极影响。

12月，清华大学、谷歌公司、中国计算机学会三方签订"西部计算机教育提升计划"合作协议。"西部计算机教育提升计划"项目启动仪式在清华大学举行，以进一步提升我系对西部高校计算机系的建设与发展的关注和支持。

是年，我系实到科研经费人民币1.1亿元。杨学军院士、沈昌祥院士、林惠民院士被聘任为我系兼职教授，高文院士续聘为我系兼职教授。吴建平负责的"下一代互联网4over6过渡技术及其应用"获得国家技术发明二等奖。张尧学负责的"网络计算的模式及基础理论研究"获得教育部自然科学一等奖。孙立峰负责的"3D视频编码与大规模网络传输技术"获得北京市科学技术一等奖。唐杰等的"研究者社会网络搜索与挖掘系统（ArnetMiner）"获得中国人工智能学会科技进步一等奖。王小云作为首席科学家负责的"现代密码学中若干关键数学问题研究及其应用"项目获得国家973计划项目支持。孙茂松作为首席专家组织申报的"基于大规模社交媒体的汉语模因传播机理量化研究"被全国哲学社会科学规划领导小组批准立项为国家社科基金重大项目，这是我系获得资助的首个国家社科基金重大项目。国家“千人计划”入选者陈挺进入我系工作。朱军入选 IEEE Intelligent Systems 杂志评选的“AI's 10 to Watch”。杨建磊等的论文获得 ICCD 2013 最佳论文奖。在 QS 国际计算机学科排名中，我校计算机学科获得全球第 27 名的佳绩（2012 年排名 35 名）。

我系与美国卡内基梅隆大学（CMU）联合培养双硕士学位研究生项目中，双方共同认可的学分课程（我方 6 门）正式公布。吴文虎获得中国计算机学会杰出教育奖。马昱春获得北京高校第八届青年教师教学基本功比赛（理工类）一等奖，同时还获得了最佳演示奖和最佳教案奖。“面向对象程序设计”（郑莉）、“汇编语言程序设计”（张悠慧）、“计算机图形学基础”（胡事民）、“计算机系统结构”（郑纬民）、“计算机语言与程序设计”（徐明星）等课程入选国家精品共享课程。我系教师负责的教材《数据结构——C++ 语言版》（第二版）、《计算机应用基础——Windows7 操作系统》入选北京高等教育精品教材。

在国防生培养工作十周年之际，为了加强和推动国防人才培养，我系编纂出版了《会挽雕弓如满月——清华大学计算机科学与技术系国防生培养十周年巡礼》，并举办了“国防生培养十周年”座谈会，校党委副书记史宗恺、系党委书记孙茂松出席并讲话。国防生赵华凯获清华大学特等奖学金，这是我系国防生首次获得该项荣誉。赵一开获得清华大学“挑战杯”特等奖。

系党委积极开展“党的群众路线教育实践活动”，积极针对“四风”方面的问题进行批评与自我批评，切合实际剖析问题，并组织了“行健新百年，共筑中国梦”系列活动，掀起了学习实践“中国梦”高潮。校党委书记胡和平参加了我系软件所教工党支部和计研 105 研究生党支部联合召开的“师生 1+1”组织生活会。计算机网络技术研究所被评为清华大学先进集体。系工会获得“北京市教育工会先进职工之家”的称号。

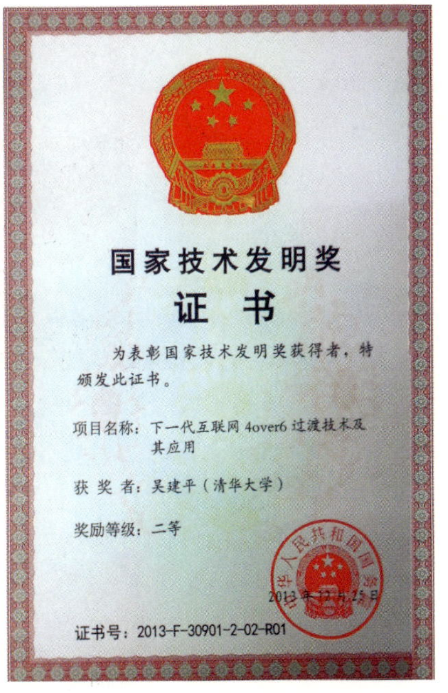

吴建平负责的“下一代互联网4over6过渡技术及其应用”项目获得国家技术发明奖二等奖

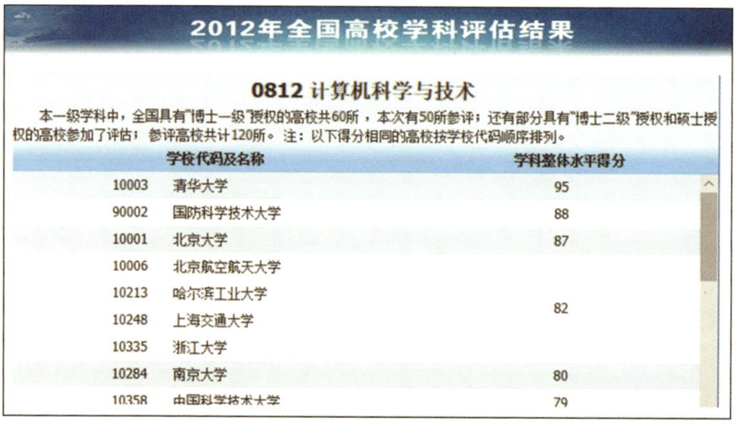

2012年全国高校学科评估结果

0812 计算机科学与技术

本一级学科中，全国具有"博士一级"授权的高校共60所，本次有50所参评；还有部分具有"博士二级"授权和硕士授权的高校参加了评估；参评高校共计120所。注：以下得分相同的高校按学校代码顺序排列。

学校代码及名称		学科整体水平得分
10003	清华大学	95
90002	国防科学技术大学	88
10001	北京大学	87
10006	北京航空航天大学	82
10213	哈尔滨工业大学	
10248	上海交通大学	
10335	浙江大学	
10284	南京大学	80
10358	中国科学技术大学	79

2012年全国计算机学科评估名列第一（数据来源：中国学位与研究生教育信息网）

中国计算机学会名誉理事长李国杰院士为吴文虎颁发"CCF杰出教育奖"

胡事民入选“万人计划”第一批科技创新领军人才

马昱春获北京高校第八届青年教师教学基本功比赛一等奖

杨建磊等获得ICCD 2013最佳论文奖

清华大学大规模在线教育平台“学堂在线”新闻发布会

“学堂在线”平台负责人孙茂松在新闻发布会上介绍平台研制工作

“学堂在线”开发团队与来访的edX主席Anant Agarwal合影

系党委书记孙茂松在计算机系国防生培养十周年座谈会上讲话

计算机系国防生培养十周年座谈会与会人员合影（前排左六为校党委副书记史宗恺）

《会挽雕弓如满月——清华大学计算机科学与技术系国防生培养十周年巡礼》正式出版

国防生赵华凯获2013年清华大学特等奖学金

英国南安普敦大学（University of Southampton）校长Don Nutbeam教授访问清华合影（右四为校党委副书记邓卫，右三为系党委书记孙茂松）

我系、谷歌公司与计算机学会联合提升西部计算机教育项目启动仪式（前排中为校党委常务副书记陈旭）

史元春（前排右三）担任青海大学计算机系主任

2009级本科生毕业合影（前排左十为系主任吴建平，左十一为系党委书记孙茂松）

2013届研究生毕业合影（前排左十一为系主任吴建平，左十二为系党书记孙茂松）

国梦的生动实践中放飞青春梦想

2014

1月，我系举办兼职教授学科建设座谈会，副校长邱勇出席座谈会并致辞，我系7位兼职教授应邀参加了座谈。系主任吴建平总结了我系的学科发展形势，分析了所面临的挑战，并阐述了我系“十二五”和中长期发展规划。

同月，清华大学——腾讯科技（深圳）有限公司互联网创新技术联合实验室成立（其前身为我系与腾讯公司在2011年成立的系级联合实验室），胡事民任主任。

4月26日，计算机系发展战略座谈会在东主楼召开。财政部部长、1977级系友楼继伟，常务副校长程建平，教育部原副部长、1961届系友周远清及相关单位负责人、教师和系友代表等十余人出席座谈会。27日，全国政协副主席、1970届系友、系友会名誉会长陈元回到母校与昔日同窗亲切相聚，并参加了我系系友座谈会。中国高等教育学会理事会会长瞿振元、校党委书记陈旭、原副书记张再兴等十余人参加座谈。系党委书记孙茂松主持上述两场座谈会。系主任吴建平详细介绍了我系在学科建设、人才培养、教学科研等方面的基本情况，阐述了我系的中长期发展规划、目前的发展态势及面临的挑战。

6-11月，我系把人事制度改革作为年度工作的重中之重，经过两年酝酿讨论制定完成了《计算机系人事制度改革与教师聘任管理办法》。通过调研世界前30名大学部分计算机学科情况，找出与世界一流大学的差距，进一步明确了人事制度改革的总体目标“到2020年，教学科研系列教师队伍达到世界学科排名前20名左右的水平”。6月，成立计算机系深化人事制度改革、加强教师队伍建设工作小组。8月，以问卷调查形式在全系范围内开展了关于人事制度改革的征求意见工作。9月底，校务会原则通过系人事制度改革方案。11月，校长办公室发文同意了《计算机系人事制度改革与教师聘任管理办法》。11月3日下午，我系举行人事制度改革启动仪式，校党委常务副书记、副校长邱勇出席并讲话。启动仪式由系党委书记孙茂松主持。系主任吴建平就推进工作做了动员和部署。我系随即完成了首批教研系列教师的聘任工作。

7月，我系全面梳理计算机体系结构、计算机应用和计算机软件三大研究方向的研究生课程体系，改进了博士研究生和工学硕士研究生的培养方案。

12月，系党委完成换届选举工作，孙茂松任系党委书记。

是年，我系实到科研经费人民币1.1亿元。张尧学院士负责的“网络计算的模式及基础理论研究”项目获得国家自然科学一等奖。史元春负责的“普适计算关键技术及支撑平台”获教育部科学技术进步一等奖。郑纬民负责的“面向社区共享的高可用云存储系统”获中国电子学会信息科学技术一等奖。胡事民负责的“可视媒体几何计算的理论与方法”获中国电子学会信息科学技术一等奖。孙茂松作为首席科学家负责的“面向三元空间的互联网中文信息处理理论与方法”项目获国家973计划资助。李丹负责的“软件定义的云数据中心网络基础理论与关键技术”项目获国家973计划（青年科学家专题）资助。张钹院士获得中国计算机学会终身成就奖。舒继武、朱纪洪获聘“长江学者奖励计划”特聘教授。马少平再次当选中国人工智能学会副理事长。朱文武当选国际光学工程学会

会士 (SPIE Fellow)。我系客座教授拉尔夫·罗伯特·马丁（Ralph Robert Martin）获得中华人民共和国友谊奖。李国良获得国际电气和电子工程师协会数据工程领域杰出新人奖 (IEEE TCDE Early Career Award)。李丹获得清华大学学术新人奖。章明星等的论文获得 FSE 2014 最佳论文奖，徐丹等的论文获得 ICME 2014 最佳论文奖，曹炎培等的论文获得 PG 2014 最佳论文奖。

系党委进一步深入开展党的群众路线教育实践活动，在全体党员中培育和践行社会主义核心价值观。软件所教工党支部荣获“北京高校基层党支部活动创新案例一等奖”。系工会获得“北京模范职工小家”的称号。

全国政协副主席、1970届系友、计算机系系友会名誉会长陈元

陈元副主席（右五）参加计算机系座谈会（左五为校党委书记陈旭）

财政部部长、1977级系友、计算机系系友会名誉会长楼继伟

楼继伟部长（前排右四）参加计算系发展战略座谈会（前排右三为常务副校长程建平）

清华大学–腾讯科技有限公司互联网创新技术联合实验室揭牌仪式（左四为副校长邱勇）

计算机系人事制度改革启动仪式（主席台中为副校长邱勇）

系主任吴建平在人事制度改革启动仪式上讲话

“计算人生，深圳之夜”清华计算机系深圳系友日

清华大学计算机系旧金山系友日

西雅图计算机系系友日及西雅图清华校庆日

国务院副总理马凯向拉尔夫·罗伯特·马丁（Ralph Robert Martin）颁发中华人民共和国友谊奖证书

在中国计算机学会颁奖大会上，李国杰院士（左）为张钹院士（中）颁发"CCF终身成就奖"

国家自然科学奖
证书

为表彰国家自然科学奖获得者，特颁发此证书。

项目名称：网络计算的模式及基础理论研究

奖励等级：一等

获 奖 者：张尧学（清华大学）

中华人民共和国国务院

2014年12月12日

证书号：2014-Z-10701-1-01-R01

张尧学院士负责的"网络计算的模式及基础理论研究"项目获得国家自然科学奖一等奖

计算机系兼职教授学科建设座谈会合影（前排左五为副校长邱勇）

曹炎培获PG 2014最佳学生论文奖

徐丹获ICME 2014最佳论文奖

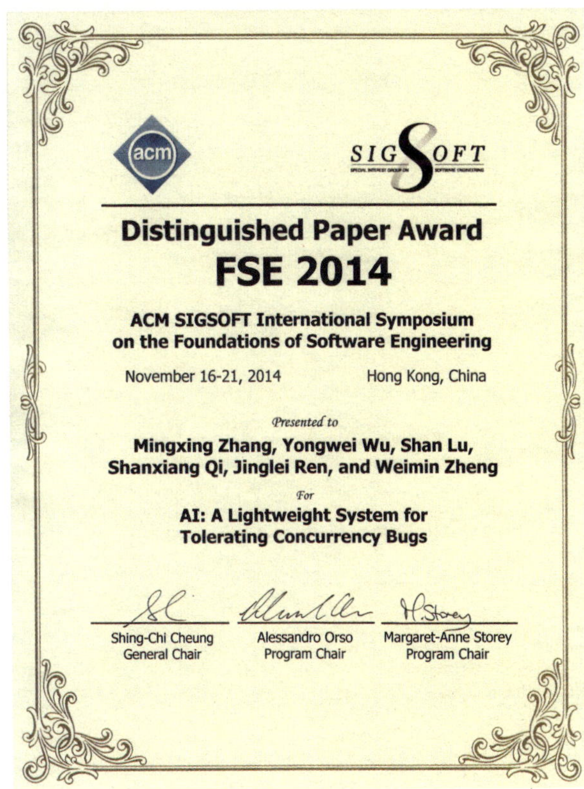

章明星获FSE 2014杰出论文奖

2010级本科生毕业合影（前排左十一为系主任吴建平）

2014届毕业生合影（前排左七为系主任吴建平）

2015

1月，我系完成新一届行政班子换届工作，吴建平任系主任。

同月，我系召开兼职教授学科建设座谈会，我系5位兼职教授应邀出席，副校长薛其坤致辞。与会教授对我系学科发展建设取得的成果和人事改革的举措予以肯定，围绕教师队伍建设、人才评价体系等问题展开深入地探讨。

4月，为加强系友沟通与交流，举办“春雷新雨看潮生——计算机系‘大众创业、万众创新’校友论坛”“奔跑吧，贵系”等系友活动。为传承计算机系传统，发起了以“九号楼纪念砖”为载体的九号楼文化基金。

6月，由清华大学与华盛顿大学、微软公司联合创建的清华大学第一个海外校区——全球创新学院（GIX）在美国西雅图成立，这是清华大学国际化进程中新的里程碑，受到国家的重视。校务委员会任命史元春为首任中方院长。加拿大西蒙弗雷泽大学（Simon Fraser University）计算科学学院和统计与精算科学系教授裴健受聘为清华大学杰出访问教授。

12月，系主任吴建平和1980级系友廖湘科当选中国工程院院士。

我系人事制度改革工作取得重要进展，根据学校批准的系人事制度改革与教师聘任管理办法，成立了系长聘教授委员会和系聘任工作领导小组，推进和落实相关工作。根据学校科研体制改革相关部署，在学科规划方面，我系继续以“凝练重点，强化源头”为原则，着力支持“E级高性能计算机系统体系结构”“天地一体化融合网络”和“大规模智能信息处理和服务平台”三个重大项目方向及“类脑科学与计算”和“量子计算与软件”两个交叉研究方向。围绕国家科技改革和“十三五”科技规划，结合我系“十三五”学科规划，积极鼓励我系教师开展源头创新和高水平国际合作，并制订了科研团队的建设办法。

是年，我系实到科研经费人民币1.2亿元。胡事民负责的“可视媒体几何计算的理论与方法”获得国家自然科学二等奖。郑纬民负责的“面向社区共享的高可用云存储系统”获得国家技术发明二等奖。朱纪洪负责的“机载系统综合化的关键技术及装置”获得国家技术发明二等奖。史元春负责的“普适计算软硬件关键技术与应用”获国家科技进步奖二等奖。我系是全校本年度获国家科技奖励最多的单位。刘奕群负责的“群体智能支撑的互联网搜索技术及其应用”获得北京市科学技术奖一等奖。王道顺负责的“视觉密码技术及其在票据防伪和视频水印中的应用”获得中国电子学会电子信息科学技术一等奖，朱文武负责的“大规模网络多媒体的感知计算理论及优化模型”获得中国电子学会自然科学类科学技术一等奖。周立柱获得中国计算机学会杰出教育奖。孙富春获得吴文俊人工智能科学技术创新一等奖。朱文武作为首席科学家负责的“面向城市管理的三元空间大数据计算理论与方法”项目获得国家973计划项目资助。胡事民负责的“网络可视媒体智能处理”团队获得国家自然科学基金创新研究群体基金资助。陈文光获得国家杰出青年基金资助。崔勇被评为“长江学者奖励计划”青年学者，这是我系教师首次获得该项荣誉。崔鹏、陆游游入选中国科协“青年人才托举工程”，这是我系教师首次获得该项荣誉。刘奕群获得清华大学学术新人奖。余林韵等的论文获得IEEE ICDM 2015最佳学生论文奖。在《美国新闻和世界报导》（简称US News）国际计算机学科排名中，我校计算机学科名列全球第7名；在当年QS国际计算机学科排名中，名列全球第38名。

我系超算团队包揽2015年三大国际超算竞赛总冠军，指导教师为翟季冬。三项赛事包括SC、ISC和ASC，均每年举办一次，旨在促进大学生与工业界之间的联系，推动世界各地区超算青年人才交流和培养，提升超算应用水平和研发能力。矣晓沅、田天获得清华大学特等奖学金。

系党委认真落实上级党委关于开展“三严三实”专题教育和学习党的十八届五中全会精神的相关要求，并进行“以‘三严三实’精神，促重点工作落实”的系列学习活动。认真组织学习党的十八届五中全会精神、《中国共产党廉洁自律准则》和《中国共产党纪律处分条例》。高性能计算研究所被评为清华大学先进集体。

系主任吴建平当选中国工程院院士

1980级系友廖湘科当选中国工程院院士

国家自然科学奖

证 书

为表彰国家自然科学奖获得者，特颁发此证书。

项目名称：可视媒体几何计算的理论与方法

奖励等级：二等

获 奖 者：胡事民（清华大学）

中华人民共和国国务院

2015年12月16日

证书号：2015-Z-107-2-05-R01

胡事民负责的“可视媒体几何计算的理论与方法”项目获得2015年度国家自然科学奖二等奖

国家技术发明奖

证 书

为表彰国家技术发明奖获得者，特颁发此证书。

项目名称：面向社区共享的高可用云存储系统

奖励等级：二等

获 奖 者：郑纬民（清华大学）

中华人民共和国国务院

2015年12月16日

证书号：2015-F-30901-2-04-R01

郑纬民负责的“面向社区共享的高可用云存储系统”项目获得2015年度国家技术发明奖二等奖

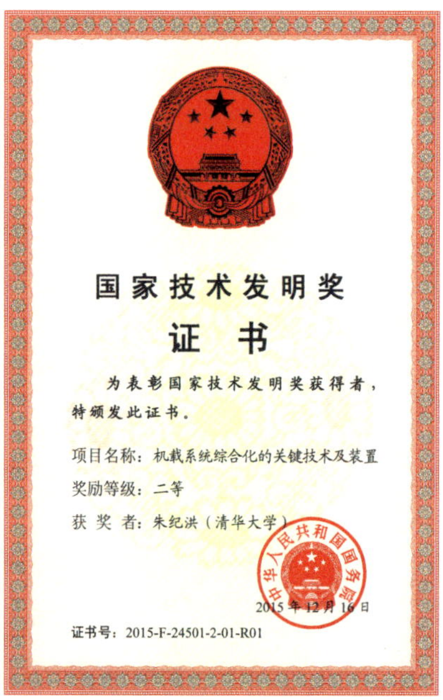

国家技术发明奖

证 书

为表彰国家技术发明奖获得者，特颁发此证书。

项目名称：机载系统综合化的关键技术及装置

奖励等级：二等

获 奖 者：朱纪洪（清华大学）

中华人民共和国国务院

2015年12月16日

证书号：2015-F-24501-2-01-R01

朱纪洪负责的“机载系统综合化的关键技术及装置”项目获得2015年度国家技术发明奖二等奖

国家科学技术进步奖

证 书

为表彰国家科学技术进步奖获得者，特颁发此证书。

项目名称：普适计算软硬件关键技术与应用

奖励等级：二等

获 奖 者：史元春

中华人民共和国国务院

2015年12月16日

证书号：2015-J-220-2-06-R01

史元春负责的“普适计算软硬件关键技术与应用”项目获得2015年度国家科技进步奖二等奖

系主任吴建平院士为裴健颁发杰出访问教授聘书

计算机系兼职教授学科建设座谈会与会人员合影（前排左五为副校长薛其坤）

中国计算机学会理事长郑纬民为周立柱颁发CCF杰出教育奖

余林韵获ICDM 2015最佳学生论文奖

清华大学代表队在世界大学生超级计算机竞赛 SC 15 颁奖典礼上

清华大学代表队在世界大学生超级计算机竞赛 ASC 15 颁奖典礼上

清华大学代表队在国际大学生超算竞赛ISC 15颁奖典礼上

我系超算团队与邱勇校长（前排左三）合影

美国华盛顿州高级代表团访问清华大学（左二为史元春）

全球创新学院首个双学位项目签约仪式暨媒体发布会（左二为史元春）

孙茂松向樊郊学长赠送九号楼文化基金纪念砖

王小川获赠九号楼文化基金纪念砖

九号楼文化基金纪念砖

2011级本科生毕业合影（前排左九为系主任吴建平）

2015届研究生毕业合影（前排左八为系主任吴建平）

2016

1月，国务院下发《国务院学位委员会关于同意增列网络空间安全一级学科博士学位授权点的通知》，同意我校增列网络空间安全一级学科博士学位授权点。网络空间安全一级学科是国务院学位委员会、教育部为实施国家安全战略，加强网络空间安全高层次人才培养，于2015年在“工学”门类下增设的。由于我校在网络空间安全方面的领先工作，在2014年国务院学位委员会及教育部组建的学科论证专家组中，吴建平为组长，王小云是专家组成员。国务院学位委员会“网络空间安全一级学科”评议组于2015年9月成立，吴建平担任评议组召集人。

2月，美国国家科学基金和欧洲引力天文台正式宣布，美国激光干涉引力波天文台（LIGO）的一对探测器有史以来第一次直接观测到了引力波，我系都志辉、王小鸽等教师在引力波探测与验证工作中作出了贡献。

4月，清华大学在工字厅举行捐赠仪式，由搜狗公司向学校捐赠1.8亿人民币建设计算机系新系馆，并与计算机系联合成立清华大学天工智能计算研究院。清华大学校长邱勇、常务副校长程建平，计算机系主任吴建平院士、党委书记孙茂松，搜狐公司董事局主席兼搜狗公司董事长张朝阳、搜狗公司首席执行官王小川等出席了捐赠仪式。由吴建平院士和王小川担任研究院联合院长，马少平为常务副院长。

5月，清华大学－同方股份有限公司计算机系统结构联合研究中心成立，武永卫担任中心主任。

6月，科技部正式批复国家超级计算无锡中心成立并开放服务。无锡市人民政府和清华大学共建国家超级计算无锡中心，由清华大学派出高水平管理和技术团队在超算中心专职开展工作，杨广文任中心主任，负责运营“神威·太湖之光”。“神威·太湖之光”在11月公布的全球超级计算机500强榜单中蝉联冠军。

同月，我系有三项国家重点研发计划项目立项，分别是双聘教授、中国工程院副院长陈左宁院士牵头的“面向云计算的网络化操作系统”项目、史元春牵头的“人机交互自然性的计算原理”项目和冯铃牵头的“面向高端制造领域的大数据管理系统”项目。

8月，系主任吴建平，副系主任朱文武及清华–CMU计算机双学位硕士项目协调人朱军一行三人访问美国卡内基梅隆大学（CMU）计算机学院，双方续签了“清华–CMU计算机双硕士学位项目”协议书。

11月，我系教师薛巍与中科院软件所杨超、清华大学地球系统科学研究中心付昊桓等共同领导的团队所完成的“千万核可扩展大气动力学全隐式模拟”在全球超级计算大会（SC 2016）上获得国际高性能计算应用领域最高奖“戈登·贝尔”奖（ACM Gordon Bell Prize），实现了我国在该大奖创办30年来零的突破，成为我国高性能计算应用发展的一个里程碑。

是年，我系通过组织四次学科发展研讨会，完成了系“十三五”学科发展规划。我系教师人事制度改革工作取得重要进展，全年完成3批教研系列、2批研究系列和 2 批教学系列的过渡工作，基本完成我系教师过渡工作。

是年，我系实到科研经费人民币 1.36 亿元。徐恪负责的“支持服务创新的可扩展路由交换关键技术、系统及产业化应用”获得国家技术发明二等奖。尹霞负责的“基于形式化方法的互联网协议测试关键技术及其应用”获得中国电子信息科学技术一等奖。郑纬民获得何梁何利科学与技术进步奖。张钹院士获得微软研究院杰出合作贡献奖（Microsoft Research Outstanding Collaborator Awards）。朱文武入选美国科学促进会会士（简称 AAAS Fellow）。徐明伟获得国家杰出青年基金资助。喻文健等的论文获得 DATE 2016 最佳论文奖。刘奕群受邀担任 SIGIR 2018 程序委员会主席。朱军获得清华大学学术新人奖。孙富春负责的团队在 IROS 2016“机械手抓取与操作”竞赛中取得了“全自动操作”任务的第一名。邓志东负责的团队在 KITTI 视觉基准数据库路面检测评测中全部四项路面分割任务中获得两项第一。杨广文当选中国科学十大新闻人物。孙茂松被评为全国优秀科技工作者。马少平当选为中国中文信息学会副理事长。史元春被授予北京市“三八”红旗奖章荣誉称号。孙茂松因在慕课建设中的贡献（“学堂在线”发布以来，已开设了数百门名校课程，学习者总人数逾 550 万，累计注册选课人次逾 700 万）被评为 2016 年度“首都市民学习之星”。在青海大学召开的对口支援干部任免大会上，我系陈文光被任命为青海大学计算机系第四任系主任。在 US News 国际计算机学科排名中，我校计算机学科名列全球第 5 名，亚洲第 1 名；在 QS 国际计算机学科排名中，我校计算机学科名列全球第 17 名。

北京市教育委员会公布了北京高等学校示范性校内创新实践基地建设单位名单，我系“互联网创新实践基地”获批成为北京市级示范性创新实践基地。我系举办了“优秀高中生信息学夏令营并筹办冬令营”“全国优秀大学生暑期夏令营”和“大数据专题国际学生暑期夏令营”。潘星宇获得清华大学“挑战杯”特等奖。

系党委以“贯天、接地、通心、树人”为核心，围绕学科建设和人才培养的中心任务，以系党委为纽带，联系、团结各行政单位，促进学科融合，建设世界一流学科。认真组织学习党的十八届六中全会精神，认真落实开展“学党章党规、学系列讲话，做合格党员”学习教育工作，系党委在全校率先建成党员之家。高性能计算研究中心被评为清华大学先进集体。

邱勇校长在“天工智能计算研究院”捐赠仪式上讲话

邱勇校长代表学校向张朝阳赠送纪念品

搜狗公司捐赠清华1.8亿元建设计算机系新系馆并建立“天工智能计算研究院”签字仪式

在天工智能计算研究院项目规划研讨会上与会人员合影

清华LIGO团队在北京国际引力波研讨会上同部分与会人员合影（二排左二为都志辉，左三为王小鸽）

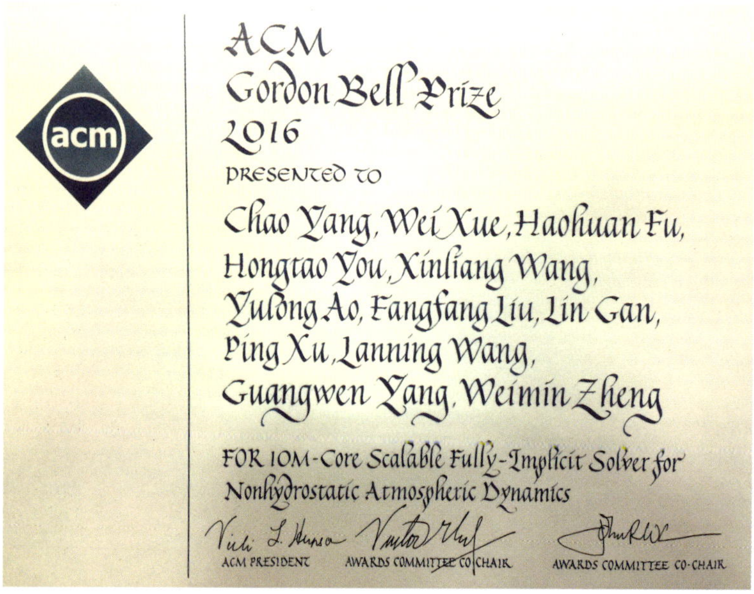

高性能计算应用领域“戈登·贝尔”奖获奖证书

高性能计算应用领域“戈登·贝尔”奖颁奖现场

郑纬民获得何梁何利科学技术进步奖

史元春被授予北京市“三八”红旗奖章荣誉称号

国家技术发明奖

证 书

为表彰国家技术发明奖获得者，

特颁发此证书。

项目名称：支持服务创新的可扩展路由交换关键技术、系统及产业化应用

奖励等级：二等

获 奖 者：徐恪（清华大学）

中华人民共和国国务院

2016年12月21日

证书号：2016-F-30902-2-01-R01

徐恪负责的“支持服务创新的可扩展路由交换关键技术、系统及产业化应用”项目获得2016年国家技术发明奖二等奖

喻文健（左一）获DATE 2016最佳论文奖

潘星宇（左二）获第十五届“挑战杯”特等奖（指导老师喻纯）

我系组织2016年优秀高中生信息学夏令营

陈文光（左二）被任命为青海大学计算机系系主任

我系首次组织“大数据专题”国际学生暑期夏令营

我系首次组织全国优秀大学生暑期夏令营

新清华

TSINGHUA WEEKLY

2016年5月20日 星期五

清华师生热议习近平总书记在哲学社会科学工作座谈会上的讲话

清华入选国家首批双创示范基地

多个院系单位专题"两学一做"学习教育方案

接地 组织建设保障，发挥专长

贯天、接地、通心、树人

计算机系党委扎实推进基层党建，促进中心工作发展

贯天 思想建设引领，固本强基

新清华 TSINGHUA WEEKLY

2016年5月20日

07 核心报道

贯天、接地、通心、树人

计算机系党委扎实推进基层党建，促进中心工作发展

校党委书记陈旭参加计算机系网络所党组织生活

计算机系学生组织生活研讨会影

青年教师入党宣誓

图片设计/姚远

通心 推进作风建设，保驾护航

树人 加强队伍建设，立德树人

《新清华》专题报道"贯天、接地、通心、树人——计算机系党委扎实推进基层党建，促进中心工作发展"

2012级本科生毕业合影（前排左八为系主任吴建平，左十为系党委书记孙茂松）

清华大学校史馆

2016届研究生毕业合影（前排左十五为系主任吴建平，左十六为系党委书记孙茂松）

清华大学校友馆

2017

1月，中国计算机学会（CCF）颁奖大会在北京召开，唐泽圣获“CCF终身成就奖”，蔡莲红获“CCF夏培肃奖”，胡道元、李三立、石纯一、王尔乾、吕文超、王鼎兴及系友孙永强、杨天行获“中国计算机事业60年杰出贡献特别奖”。

4月，由我系本科生组成的超算团队代表清华大学夺得ASC 2017世界大学生超级计算机竞赛总冠军，并同时获得“e Prize计算挑战奖”。我系在ASC过去7届比赛中4次获得总冠军。6月，该团队夺得ISC 2017国际超级计算机大会大学生超算竞赛总冠军，这也是清华继2012年、2015年之后，第三次获得ISC比赛的总冠军。

5月，清华大学（计算机系）–中国工程院战略咨询中心知识智能联合中心成立，唐杰任主任。

7月，我系举行了计算机学科群规划方案论证会，邀请校内外专家评议学科群发展规划，为计算机学科群的协调发展奠定了坚实的基础。同月，清华大学（计算机系）–北京阿尔山金融科技有限公司区块链技术联合研究中心成立，孙茂松任主任。

9月，清华大学计算机学科顾问委员会成立。顾问委员会由五位图灵奖获得者在内的国内外学术大师及产业领袖和杰出校友组成，全国政协副主席陈元任主席，邱勇校长和姚期智院士任副主席。9月30日清华大学计算机学科顾问委员会成立仪式暨第一次会议在主楼接待厅举行，陈元副主席、邱勇校长、姚期智院士等出席会议。会议总结了顾问委员会的筹备情况，审议了顾问委员会章程，对学科发展现状进行了深刻研讨，为学科未来发展出谋划策，并针对一流教师队伍培养、一流学生培育、建设适合学科特点并与国际接轨的学术评价机制、整合清华相关科研单位建立整体协调的学科发展模式、结合市场需求和宏观规划确定学生规模等方面提出了一系列战略性建议。顾问委员会认为，清华计算机学科已经成为中国大学计算机学科建设的引领者，是一所居于世界前列的计算机研究与教学机构，在部分科研领域达到了世界一流水准，清华计算机学科的定位应从跟随者适时地提升到引领者。学科顾问委员会的成立对进一步提升我系学术研究水平，拓展国际合作水平，对清华大学建设世界一流大学、清华计算机学科建设世界一流学科具有重大意义。

10月，为统筹计算机系“十三五”期间的“双一流”建设工作，集中资源支持重点工作（三个重点研究方向）。我系召开“双一流”建设专项项目评审会，确定了九项“双一流”建设专项项目，统筹调配三年内的“双一流”建设经费资源，用于支持学科建设任务中的重大项目方向和重点学科方向的建设与发展。

同月，清华大学（计算机系）–北京世纪好未来教育科技有限公司智能教育信息技术联合研究中心成立，李国良任主任。

11月，我系双聘教授王小云当选中国科学院院士。

同月，我系和地学系等单位组成的科研团队完成的“非线性地震模拟”获得国际高性能计算应用最高奖“戈登·贝尔”奖，薛巍、杨广文等参与了主要工作，这是继去年在国际上首次摘得“戈登·贝尔”奖之后，再次获得该奖项。同月，陈文光牵头的国家重点研发计划项目“地球系统模式公共软件平台研发”立项。

是年，我系实到科研经费人民币1.46亿元。朱文武负责的“大规模多媒体的资源跨域协同计算理论方法”获得教育部自然科学一等奖。唐杰负责的“科技情报大数据挖掘及服务平台”获得北京市科学技术一等奖。朱军负责的“贝叶斯机器学习理论与方法”获得中国计算机学会自然科学一等奖。胡事民负责的“大规模街景系统及其位置服务关键技术”获得中国电子学会信息科学技术一等奖。朱纪洪负责的“飞行动力学与飞行控制”团队入选教育部创新团队发展计划。由朱文武牵头的国家自然科学基金委－广东省政府大数据科学研究中心项目（暨国家基金委重大项目）“视频大数据高效表达、深度分析与综合利用”获得资助。吴建平院士入选国际互联网协会（ISOC）的“互联网名人堂”，并获得首届全国创新争先奖。王建勇入选 IEEE Fellow。刘永进获得国家杰出青年基金资助。新加坡国立大学蔡达成（Tat-Seng Chua）教授因在 NExT 中心建设中的突出贡献（新加坡政府十年共投入 2000 余万元新币，约合 1 亿元人民币。我系教师累计 27 人次、60 人月，学生 29 人次、178 人月在新加坡国立大学开展深入研究）受聘为清华大学杰出访问教授。李国良获得 VLDB 青年贡献奖（VLDB 2017 Early Career Research Contribution Award）。张敏受邀担任 WSDM 2017 程序委员会主席。张帆等的论文获得 ACM SIGIR 2017 最佳学生论文奖。庄严等的论文获得 ACM CIKM 2017 最佳论文奖。吴超的博士学位论文《移动计算与应用的性能优化》（指导教师：张尧学）获得 ACM 中国优秀博士学位论文奖。胡晓林指导学生获得 2017 年数据科学杯（Data Science Bowl）比赛第一名和全球 AI 挑战赛（AI Challenge）图像中文描述竞赛第一名。潘星宇的项目“基于语言模型的中文电子文本就催技术 MissCut”获得全国“挑战杯”特等奖。王少雄、潘立航获得清华大学“挑战杯”特等奖。沈天成获得清华大学特等奖学金。在 US News 国际计算机学科排名中，我校计算机学科排名第 2 位。在 QS 国际计算机学科的排名中，我校计算机学科排名第 15 位。教育部学位与研究生教育发展中心发布了 2017 年学科评估结果，我校计算机科学与技术学科被评为 A+。

我系牵头清华大学计算机大类招生工作，落实培养方案重构。首次实现了三个院系（计算机科学与技术系、软件学院、交叉信息研究院）本科生的统一招生和第一学年的统一培养，明确了分流原则和相关机制，重构并统一了大类第一学年的培养方案、课程管理机制、课程讲授内容、选课和考核机制。系主任吴建平担任计算机大类首席教授。我系负责的“面向计算机系系统能力培养的课程体系改革”和“构建计算机学科人才国际化培养体系促进高水平创新型人才成长”获得北京市教学成果一等奖。我系负责的“计算机文化基础”（李秀）、“操作系统”（向勇、陈渝）、“Java 程序设计”（郑莉）、“大数据平台核心技术”（武永卫）、“Visual C++ 面向对象与可视化程序设计”（黄维通）、“组合数学”（马昱春）入选国家精品在线开放课程。邓俊辉获得清华大学首届新百年教学成就奖。史元春被评为北京市优秀教师。研究生招生方面，我系前 10 名当中的 80% 选择在本系继续深造。留学生招生人数有所增加，招生质量有所增强，先进计算全英文硕士项目中美、加、欧、澳地区的学生比例达到 68％；全英文博士项目获得批准，是全校本年度唯一获批的英文博士项目。

系党委认真组织学习党的十九大精神和清华大学第十四次党代会精神，认真落实校党委关于做好中央专项巡视整改工作精神，深入开展“两学一做”学习教育常态化制度化工作。系党委严抓基层组织建设，本年度顺利完成北京高校《党建和思想政治工作基本标准》入校检查和中组部失联党员专项检查工作。我系下一代互联网团队被评为清华大学先进集体。

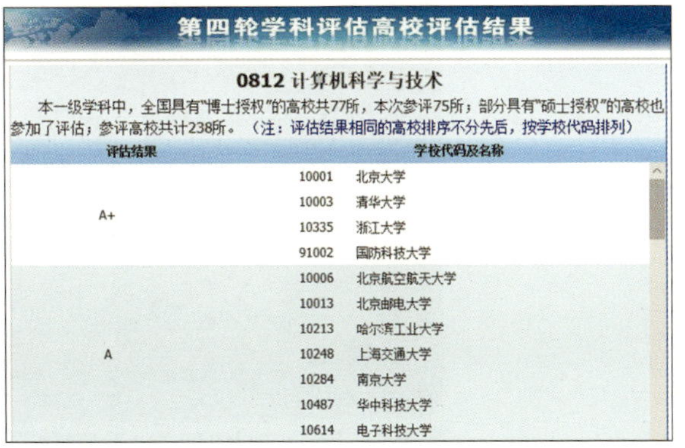
第四轮学科评估高校评估结果

0812 计算机科学与技术

本一级学科中，全国具有“博士授权”的高校共77所，本次参评75所；部分具有“硕士授权”的高校也参加了评估；参评高校共计238所。（注：评估结果相同的高校排序不分先后，按学校代码排列）

评估结果	学校代码及名称	
A+	10001	北京大学
	10003	清华大学
	10335	浙江大学
	91002	国防科技大学
A	10006	北京航空航天大学
	10013	北京邮电大学
	10213	哈尔滨工业大学
	10248	上海交通大学
	10284	南京大学
	10487	华中科技大学
	10614	电子科技大学

2017年全国计算机学科评估A+ （数据来源于中国学位与研究生教育信息网）

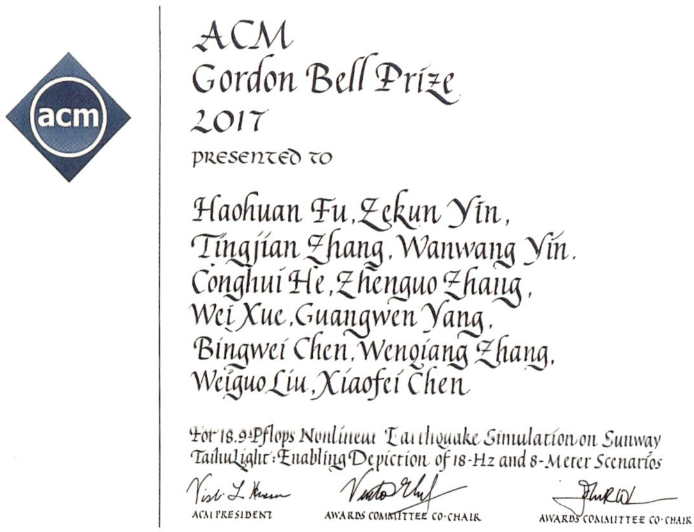
ACM
Gordon Bell Prize
2017
presented to

Haohuan Fu, Zekun Yin,
Tingjian Zhang, Wanwang Yin,
Conghui He, Zhenguo Zhang,
Wei Xue, Guangwen Yang,
Bingwei Chen, Wenqiang Zhang,
Weiguo Liu, Xiaofei Chen

For 18.9-Pflops Nonlinear Earthquake Simulation on Sunway TaihuLight: Enabling Depiction of 18-Hz and 8-Meter Scenarios

ACM PRESIDENT　AWARDS COMMITTEE CO-CHAIR　AWARDS COMMITTEE CO-CHAIR

薛巍、杨广文等重点参与的“非线性地震模拟”项目获“戈登·贝尔”奖

“戈登·贝尔”奖颁奖现场（左起第五为薛巍）

清华大学（计算机系）–中国工程科技知识中心“知识智能联合研究中心”成立暨揭牌仪式（左起吴建平院士、尤政院士、周济院士、陈左宁院士）

“知识智能联合研究中心”成立仪式与会人员合影

清华大学（计算机系）–好未来智能教育信息技术联合研究中心启动仪式与会人员合影

清华大学（计算机系）-阿尔山金融科技公司区块链技术联合研究中心揭牌仪式（右为全国政协副主席陈元，左为校党委书记陈旭）

清华大学（计算机系）-阿尔山金融科技公司区块链技术联合研究中心成立仪式与会人员合影

我系双聘教授王小云当选中国科学院院士

吴建平入选国际互联网协会“互联网名人堂”并在大会上发表获奖感言

中国计算机学会颁奖大会上，李国杰院士向唐泽圣颁发终身成就奖

中国计算机学会理事长高文院士为蔡莲红颁发“CCF夏培肃奖”

中国计算机学会颁奖大会参会师生与系友合影

在计算机学科顾问委员会成立仪式上，清华大学邱勇校长为陈元颁发顾问委员会主席聘书

顾问委员会主席陈元为姚期智院士颁发副主席聘书

陈元主席和邱勇校长为迈克尔·乔丹（Michael I Jordan）颁发委员聘书

陈元主席和邱勇校长为温迪·霍尔（Wendy Hall）颁发委员聘书

陈元主席和邱勇校长为弗朗斯·凯斯霍德（Frans Kaashoek）颁发委员聘书

陈元主席和邱勇校长为李凯颁发委员聘书

邱勇校长致辞

姚期智副主席讲话

陈元主席讲话

系主任吴建平主持会议

计算机学科顾问委员会成立仪式暨首次会议现场

计算机系学科顾问委员会与会委员合影

计算机学科顾问委员会成立仪式部分参会嘉宾合影

系主任吴建平向蔡达成（Tat-Seng Chua）颁发杰出访问教授聘书

首届“清华大学新百年教学成就奖”获奖者邓俊辉在清华大学2017级本科生新生开学典礼上发言

张帆（左三）获ACM SIGIR最佳学生论文奖

庄严获ACM CIKM 2017最佳论文奖

李国良获VLDB青年贡献奖

我系学生参加ASC 17世界大学生超算竞赛

ASC 17世界大学生超算竞赛我系冠军团队（左二起：叶方轲、刘家昌、王邈、李北辰、李宇轩、冯冠宇、翟季冬）

2013级本科生毕业合影（前排左七为系主任吴建平，左六为系党委书记孙茂松）

2017届研究生毕业合影（前排左八为系主任吴建平，左六为系党委书记孙茂松）

2018

1月，我系完成新一届党政班子换届工作。吴建平任系主任，刘奕群任系党委书记。

2月，为了迎接建系六十周年，我系成立六十周年系庆筹备委员会和工作小组，并决定举办六十周年系庆主题纪念活动，活动主题为“不忘初心，潜心计算一甲子；牢记使命，启智人类新百年”。六十周年系庆主题纪念活动包括整理编纂《智圆行方：清华大学计算机科学与技术系系史》并举办六十周年系庆专题展览、举办系列高水平学术报告会和人才培养论坛、开展杰出系友访谈，举办首届“全球计算机学科发展论坛”，召开“清华大学计算机学科顾问委员会第二次会议”，召开清华大学计算机系建系六十周年庆祝大会等。

4月，我系召开2018年度学科建设研讨会。系主任吴建平院士全面总结了计算机系在“十二五”期间和“十三五”前两年学科建设中取得的成果和面临的挑战，强调了计算机学科顾问委员会对系学科建设和发展具有的重要战略意义，并就2018年全系工作要点进行了部署。他鼓励全系教师“不忘初心、牢记使命”，为建设世界一流计算机学科和计算机系继续奋斗。

5月，习近平总书记在中国科学院第十九次院士大会、中国工程院第十四次院士大会上的讲话中专门提到我系科研成果“采用国产芯片的‘神威·太湖之光’获得高性能计算应用最高奖‘戈登·贝尔’奖”。

6月，清华大学计算机科学与技术工程博士硕士一级学科、工程硕士一级学科顺利通过学位授权点评估。评估专家组认为，清华大学计算机科学与技术学科已发展成为我国计算机学科领域内教学、科研综合实力强、影响力大的计算机学科。同月，以我系为主要依托的清华大学人工智能研究院成立。张钹院士被聘为首任院长，姚期智院士被聘为学术委员会主任。成立仪式上，十一届全国人大常委会副委员长华建敏，清华大学校长邱勇院士、副校长尤政院士、计算机系张钹院士、吴建平院士和孙茂松共同为研究院揭牌。邱勇校长致辞，并向张钹颁发了院长聘书，向谷歌AI总负责人、美国工程院院士、美国国家艺术与科学院院士杰夫·迪恩（Jeff Dean）颁发了清华大学计算机学科顾问委员会委员聘书。成立仪式后，清华大学人工智能研究院和谷歌AI中国中心联合举办了清华—谷歌AI学术研讨会。来自麻省理工学院、斯坦福大学、谷歌、微软等国内外大学和企业的人工智能领域知名学者和行业领袖代表及师生代表300余人参加了上述活动。

7月，清华大学—内蒙古和林格尔新区分布式数据处理系统联合研究中心成立，陈康任中心主任。

9月，郭毅可当选英国皇家工程院院士。

2018年是计算机大类招生的第二年，连续两年招生全国高考成绩各省前10名学生人数位列全校第一，今年招收了14名各省高考成绩第一名的学生。

我系卫冕ASC国际大学生超算竞赛和ISC国际大学生超算竞赛的总冠军。邱勇校长在2018年本科生毕业典礼暨学位授予仪式上专门提道："我校学生超算团队在2015年首次包揽三大国际超算竞赛冠军，在今年已经结束的两项国际超算赛事中，我校都成功卫冕。在座的李北辰、冯冠宇、谢磊、刘家昌四位同学都是今年的团队成员。"

是年，朱文武负责的"大规模多媒体的资源跨域协同计算理论方法"获得教育部自然科学一等奖。舒继武入选IEEE Fellow。唐杰、徐恪获得国家杰出青年基金资助。朱军入选《麻省理工科技评论》杂志"中国35岁以下科技创新青年35人"（MIT TR35 China）。郭碧川等的论文获得DCC 2018最佳论文奖。钟鸣远、肖朝军分别获得清华大学"挑战杯"特等奖和一等奖。在US News国际计算机学科排名中，我校计算机学科名列全球第1名，在QS国际计算机学科排名中，我校计算机学科名列全球第20名。

系党委围绕党章党规学习习近平总书记新时代中国特色社会主义思想和党的十九大报告中关于基层党组织建设的新要求，开展"基层党组织建设提升年"活动。系工会被全国总工会评为"全国模范职工小家"。

1980级系友郭毅可当选英国皇家工程院院士

唐杰获北京市科技进步一等奖（中为北京市委书记蔡奇）

系庆60周年系列学术报告——应明生作首场报告

系庆60周年系列学术报告——图灵奖获得者John Hopcroft作报告

系庆60周年系列学术报告——图灵奖获得者Vinton G. Cerf作报告

我系举行学科建设研讨会

清华大学人工智能研究院揭牌

在清华大学人工智能研究院成立仪式上，校长邱勇致辞

在清华大学人工智能研究院成立仪式上，系主任吴建平发言

在清华大学人工智能研究院成立仪式上，谷歌人工智能首席科学家李飞飞发言

清华大学人工智能研究院成立仪式现场

我系学生获得ASC 18国际大学生超算竞赛总冠军

我系学生获得ISC 18国际大学生超算竞赛总冠军

2014级计算机系本科生毕业合影（前排左十一为系主任吴建平，左八为系党委书记刘奕群）

清华大学校史馆

2018届计算机系研究生毕业合影（前排左十一为系主任吴建平，左五为系党委书记刘奕群）

校长有约
清华大学人工智能研究院成立仪式
清华-谷歌AI学术研讨会开幕式
ASC18总决赛闭幕式暨颁奖仪式

【附 录】

计算机系钟士模奖学基金.思源基金捐赠仪式
厚德载物
Tsinghua University
清华大学计算机科学与技术系
2012·12
清华大学计算机系学科建设
Student Supercomputer Challenge
ACM GORDON BELL PRIZE WINNER
ACM
Gordon Bell Prize
2017
presented to

历任系领导

系主任

钟士模
1958.07—1971.05任职

唐泽圣
1978.05—1986.10任职

周远清
1986.10—1988.03任职

王尔乾
1988.04—1991.07任职

王鼎兴
1991.07—1996.07任职

周立柱
1996.07—2003.11任职

林 闯
2003.11—2007.04任职

孙茂松
2007.04—2010.11任职

吴建平
2010.12至今任职

系党委（总支）书记

凌瑞骥
1958.07—1966.06任职

唐美刚
1970—1974.09
1978.05—1988.08任职

夏镇英
1974.10—1975.07任职

荣泳霖
1975.08—1976.10任职

罗建北
1988.09—1994.02任职

张再兴
1994.02—1995.10任职

黄汉文
1995.10—1997.10任职

张凤昌
1997.10—1999.11任职

林学訚
1999.11—2003.11任职

杨士强
2003.11—2010.11任职

孙茂松
2010.12—2018.01任职

刘奕群
2018.01至今任职

系副主任

姓　名	任　期
唐泽圣	1960 — 1966年
章燕申	1964 — 1966年
王继中	1964 — 1966年
周远清	1979 — 1986年
金　兰	1979 — 1987年
马祖耀	1979 — 1981年
王家华	1979 — 1987年
高正翔	1981 — 1983年
王尔乾	1981 — 1988年
郭秀亭	1983 — 1984年
何全来	1984 — 1989年
林尧瑞	1984 — 1989年
王鼎兴	1986 — 1991年
贾培发	1989 — 1991年
张凤昌	1989 — 1991年
周立柱	1991 — 1997年
钟玉琢	1991 — 1994年
张再兴	1991 — 1994年
巴林凤	1991 — 1997年
孙家广	1994 — 1997年
张尧学	1994 — 1997年
孙增圻	1995 — 2000年
马少平	1997 — 1999年
杨士强	1997 — 2003年
温冬婵	1997 — 2003年
孙茂松	1999 — 2003年
胡事民	2000 — 2007年
	2010 — 2018年
朱小燕	2003 — 2007年
刘卫东	2004 — 2011年
冯建华	2007 — 2015年
陈文光	2007 — 2015年
赵有健	2010 — 2018年
朱文武	2015年至今
武永卫	2015年至今
徐　恪	2018年至今
唐　杰	2018年至今

系党委副书记

姓　名	任　期
唐泽圣	1978 — 1984年
郭秀亭	1978 — 1981年
何全来	1978 — 1984年
杨　品	1984 — 1988年
孙承鉴	1984 — 1986年
罗建北	1986 — 1988年
唐美刚	1988 — 1994年
吴建平	1988 — 1994年
杨士强	1994 — 1997年
王　宏	1995 — 1997年
	2001 — 2003年
张凤昌	1997 — 1997年
林学訚	1997 — 1999年
邓俊辉	1997 — 2001年
郑　方	1997 — 2001年
许　斌	2001 — 2014年
徐明星	2004 — 2007年
张小平	2007 — 2011年
刘奕群	2011 — 2018年
贾　珈	2014年至今
刘知远	2018年至今

系友中的院士

李衍达

中国科学院院士，清华大学自动化系教授，博士生导师，信号处理与智能控制专家。1959年毕业于清华大学自动控制系。曾任清华大学学术委员会主任委员，清华大学信息科学技术学院院长，国务院学位委员会委员、中国自动化学会理事长、江西省经济发展与信息技术顾问、南昌市信息化领导小组专家顾问。曾于1979-1981年作为中国第一批赴美访问学者在麻省理工学院作学术访问。

李衍达院士长期从事信号处理理论及地震勘探数据处理方法的研究。他研究仅用相位谱、幅度谱或附加部分时域采样点恢复有限长离散信号等问题，在信号重构理论及算法方面的研究达到了国际先进水平。他将新的信号处理与模式识别方法用于地震勘探数据处理，取得了开拓性成果。在1997年后主要从事生物信息学研究，在基因组信息分析，基因与蛋白质调控等方面取得多项创新性成果。

李衍达院士出版发表《信号重构理论及应用》《信息世界漫游》《信息、生命与智能》等多部著作和论文，先后获得国家自然科学奖、国家教委科技进步奖、北京市科技进步奖及国家教委优秀教学成果特等奖。

1991年当选中国科学院院士。

李三立

中国工程院院士，清华大学计算机系教授，博士生导师。1955年毕业于清华大学无线电系，1960年获苏联科学院计算技术研究所博士学位。曾任上海大学计算机学院第一任院长。曾任国家攀登计划项目首席科学家(1994-1999)，国务院学位委员会计算机学科评审组召集人(1991-2002)，IEEE中国分部主席(1995-1996)，欧洲EUROMICRO学会执行理事(1983-1997)。

李三立院士长期从事计算机系统结构、高性能计算、网格计算的研究工作。他担任过我国电子管、晶体管、集成电路和VLSI四代计算机的主要研制工作，是计算机体系结构先进技术方向的学术带头人。20世纪70年代，他曾负责研制国防尖端的计算机系统724，为国防建设做出贡献，该总项目获中央嘉奖。他还负责研制加工“劈锥”的程控计算机系统102，使重要部件“劈锥”的工效提高数十倍，据五机部证明，该项目使我国在该领域进入当时国际先进行列。102系统获1978年科学大会奖。20世纪80年代，他在微机、局域网、RISC和并行处理领域都有学术成就和贡献，是国内微机局部网络和RISC技术的倡导人之一，他在国际上首次提出“虚拟寄存器结构”“多端口寄存器堆结构”和“以存储器为中心的快速互联机制MCIM”。他在20世纪90年代担任国家攀登计划“高性能计算机”项目首席科学家时，提倡和从事研究“集群式高性能计算机”，1999年就完成了具有220个CPU的“自强2000”集群式高性能计算机，这是国内最早完成的集群式高性能计算机之一。“自强2000”获得2000年上海市科技进步一等奖。在教育部领导支持下，2001年他最早开展网格研究，主持教育部重点项目“先进计算基础设施北京上海试点工程”并通过了部级验收与鉴定。2003年和2004年他负责分别研制成功超级计算机“深超-21C”和“自强3000”，这两台超级计算机都进入了国际上权威的超级计算机“世界500强”排行榜(第163名和第159名)。曾获光华科技进步一等奖，以及国家省部级科技进步一、二等奖共7项。出版著译作12部，其中一部获国家教委优秀学术著作特等奖，发表论文200余篇。

1995年当选中国工程院院士。

张　钹

中国科学院院士，清华大学人工智能研究院院长、计算机系教授，博士生导师。1958年毕业于清华大学自动控制系，同年留校任教至今。1980年至1982年作为访问学者在美国伊利诺伊大学从事人工智能研究，2011年被汉堡大学授予自然科学荣誉博士。曾任清华大学学位委员会副主任委员、清华大学信息科学技术学院学术委员会主任、“智能技术与系统”国家重点实验室主任、“863”计划自动化领域机器人主题专家组成员、中国自动化学会机器人专业委员会副主任及智能控制专业委员会主任、《计算机学报》副主编、福建省及厦门市等政府技术顾问等职。现任微软亚洲研究院技术顾问。

张钹院士长期从事人工智能、人工神经网络和遗传算法等理论研究，以及这些理论在模式识别、机器人和智能控制等领域的应用研究，是中国人工智能领域的奠基人之一。在人工智能理论上，系统地提出了问题分层求解的商空间理论；解决了不同粒度空间描述、相互转换及复杂性分析等问题；提出了多层信息综合、不确定性处理、定性推理、规划与搜索等新的原理与模型，有效地降低了计算复杂性。在人工神经网络方面，系统地分析了典型神经网络模型，给出了该网络各项性能的定量结果；提出一种自顶向下新的人工神经网络构造性学习方法，有效地提高了它的性能。在上述领域共发表200余篇论文和5部专著。研究成果曾获ICL欧洲人工智能奖，国家自然科学三等奖，国家科技进步三等奖，教委科技进步一等奖、二等奖，电子部科技进步一等奖，国防科工委科技进步一等奖。出版专著曾获全国优秀科技图书奖暨科技进步奖(科技著作)一等奖，中国优秀科技图书一等奖，中国计算机学会自然科学一等奖，两次获得教委高校出版社优秀学术专著特等奖。曾获北京市优秀教师称号，国家科委颁发的个人“金牛”奖、“为国家重点实验室做出重大贡献的先进工作者”，2014年获中国计算机学会终身成就奖。

1995年当选中国科学院院士。

欧阳钟灿

中国科学院院士，第三世界科学院院士，中国科学院理论物理研究所研究员，理论物理学家。1968年毕业于清华大学自动控制系，现任中国科学技术大学物理学院院长、中国科学院理论物理研究所学术委员会主任。曾任中国科学院理论物理研究所所长，国际刊物*International Journal of Modern Physics B*，*Journal of Computational and Theoretical Nanoscience*，*Soft Materials*，*Electronic-Liquid Crystal Communications*编委，在软凝聚态物理、统计物理等领域做出了多项贡献。

欧阳钟灿院士在国际著名刊物发表论文近90篇，出版英文专著一部*Geometric Method in the Elastic Theory in Liquid Crystal Phases*（合著），并将之扩增为中文版《生物膜泡曲面弹性理论》。他与刘寄星合著的科普读物《从肥皂泡到液晶生物膜》被评为“近20年来100种科普佳作”。欧阳钟灿院士因上述部分研究成果获得多项奖励。他于1993年获得海外华人物理协会亚洲杰出成就奖，1995年获中国科学院自然科学一等奖，1999年获得周培源奖，同年与合作者一起获得了国家自然科学二等奖。2004年获何梁何利基金科学与技术进步奖。在学生教育方面，欧阳钟灿已经指导学生近20名，并荣获2003年度宝洁优秀研究生导师奖。

1997年当选中国科学院院士。

2003年当选第三世界科学院院士。

姚期智

美国科学院外籍院士，美国艺术与科学学院外籍院士，中国科学院院士，图灵奖获得者，清华大学交叉信息研究院院长、教授，博士生导师。1975年至1986年先后在美国麻省理工学院数学系、斯坦福大学计算机系、加利福尼亚大学伯克利分校计算机系任助理教授、教授。1986年起任美国普林斯顿大学教授，2004年起在清华大学任高等研究中心教授，2005年起在香港中文大学任博文讲座教授。2011年至今任清华大学交叉信息研究院院长。

姚期智院士是世界著名计算机学家，算法分析、密码学及量子计算的国际先驱。2000年荣获图灵奖（计算机科学的国际最高奖），是迄今唯一获此殊荣的华裔科学家。2004年离开普林斯顿大学回国全职任教清华大学，为祖国科研及教育尽力。2005年创办“计算机科学实验班”，被外界誉为“世界上最好的计算机本科教育”（获2014年高等教育国家级教学成果奖一等奖）。2011年创建“清华量子信息中心”与“交叉信息研究院”，旨在实现量子计算机及推动信息科技与诸多领域的创新结合。2018年在南京创立图灵人工智能研究院，推动产学研结合，将创新成果落地转化。

1998年当选美国科学院院士。

2000年当选美国科学与艺术学院院士。

2004年当选中国科学院外籍院士。

2016年转为中国科学院院士。

孙家广

中国工程院院士，清华大学软件学院教授，博士生导师，软件及应用领域专家。1970年毕业于清华大学自动控制系。曾任国家自然科学基金委员会副主任，清华大学信息科学与技术国家实验室（筹）主任，清华大学信息学院院长，清华大学软件学院院长，第十二届全国人大代表、教科文卫委员会委员。现任清华大学学术委员会副主任，教育部软件工程教指委主任，国家企业信息化应用支撑软件工程技术研究中心主任，大数据系统软件国家工程实验室主任，中国图学学会理事长。

孙家广院士长期从事计算机图形学、计算机辅助设计、软件系统建模、分析与验证及软件工程与系统的教学、研究、开发，负责研制了有我国知识产权的二维CAD系统、三维产品造型核心平台、产品数据全生命周期管理系统及企业信息化集成系统(EIS)等大型软件，并在数百家大中型企业中得到应用，为推动我国制造业信息化、工业化与信息化深度融合、提升我国软件产业化能力做出了贡献。

在教育教学工作中，孙家广积极推进高校办学体制机制改革与教育教学模式创新，倡议成立了国家示范性软件学院，并在清华大学软件学院的教育教学中提出了“学中练、练中学、练中闯、练中创”的实践教学理念。

1999年当选中国工程院院士。

李伯虎

中国工程院院士，中国航天科工集团第二研究院研究员，北京航空航天大学自动化学院名誉院长，计算机仿真与计算机集成制造专家。1961年毕业于清华大学自动控制系。曾任北京计算机应用与仿真技术研究所所长，国家863计划CIMS主题专家组长。

李伯虎院士长期从事计算机仿真系统和集成制造系统的总体、支撑平台及算法等研究工作。参与主持研制国内首台航天用大型模拟机及首台大型混合模拟机寻优机；主持研究国内首套大型仿真语言研制及国内第一个大型多平台分布仿真系统和仿真网格等。合作提出“现代集成制造系统”理念及技术体系；参与领导实施国内首批CIMS应用示范工程；主持提出并实现航天复杂产品集成制造系统及多学科虚拟样机支撑平台等。发表论文300余篇，出版专著14部，技术成果获全国科学大会奖2项，国家科技进步一等奖1项、二等奖3项，部级科技进步奖16项。2012年获中央企业优秀归国留学人员奖，全国优秀科技工作者等奖励。2012年获国际建模仿真学会终身成就奖，成为亚洲唯一的一位该奖获得者，也是国际建模仿真学会60年来的第8位终身成就奖获得者。曾任中国系统仿真学会理事长，亚洲仿真联合会首任理事长。2017年获中国计算机学会终身成就奖。

2001年当选中国工程院院士。

吴宏鑫

中国科学院院士，北京控制工程研究所科技委副主任，博士生导师。1965年毕业于清华大学自动控制系。曾任北京控制工程研究所智能控制和空间机器人研究室主任。现任中国空间技术研究院科技委顾问，中国航天科技集团科技委顾问。

吴宏鑫院士一直从事航天领域与工业过程的自动控制理论与应用研究，做出许多贡献并获得多项国家级和部级科技成果奖。他在自适应控制、智能控制和航天控制领域有很高的学术造诣，取得了系统性和创造性成就。他创立的“全系数自适应控制理论和方法”是一种完整的、系统性和实用性很强的自适应控制理论和方法，并于1984年获国家发明三等奖。在智能控制方面，他提出的“特征建模理论和方法”“航天器变结构变系数的智能控制方法”和“基于智能特征模型的智能控制方法”等，为复杂航天器和工业过程智能控制器的设计开拓了新的道路。此外，他还在交会对接、空间站控制及鲁棒控制等方面进行了创新研究。他的理论方法已应用于“神舟”飞船返回控制、空间环境模拟器控制、卫星整星瞬变热流控制和铝电解过程控制等9类对象400多个控制系统，特别是在“神舟”飞船返回再入自适应控制中的成功应用，其控制精度达到世界先进水平。他提出的“基于智能特征模型的智能控制方法”在铝电解控制中成功应用，鉴定会认为在铝行业属于国内外首创，达到国际先进水平。曾获国家发明三等奖1项，部级科技进步一等奖1项、二等奖5项，全国优秀科技图书二等奖1项，国家发明专利2项。发表论文70余篇，出版专著1部。1989年获北京市五一劳动奖章，1992年获航天部部级有突出贡献专家称号。

2003年当选中国科学院院士。

戴 浩

中国工程院院士，中国人民解放军军事科学院系统工程研究院研究员，自动化网专家。1968年本科毕业于清华大学数力系，1982年硕士研究生毕业于清华大学计算机系。曾任解放军某部研究所总工程师，中国指挥与控制学会理事长。现任西安电子科技大学通信工程学院兼职教授，中国指挥与控制学会监事长，中国计算机学会传感器网络专委会名誉主任。

戴浩院士担任某系统二期工程副总设计师期间，破析了网络软件DECnet的目的代码，发现并修改了程序中的致命错误；逆向编制链路层的专用协议文本，实现了国产微机与DECnet的互通。任该系统三期工程总设计师期间，统一了该系统网络和应用的技术体制，在网络动态重组等方面有重大创新，建成了网络实体可信、用户行为可控等功能的专用网络。曾获全国计算机应用一等奖、国家科技进步一等奖。在工程实践的基础上撰写专著，发表论文50余篇。

2005年当选中国工程院院士。

方滨兴

中国工程院院士，广州大学教授，博士生导师。1984年硕士研究生毕业于清华大学计算机系。曾任北京邮电大学校长，国家计算机网络与信息安全管理中心主任兼总工程师、信息产业部互联网应急处理协调办公室主任，第十一届全国人大代表，中国网络空间安全协会理事长，中国互联网协会副理事长，中国计算机学会副理事长，中国通信学会副理事长，国家自然科学基金委员会网络与信息安全重大计划专家组成员、可信软件重大计划专家组副组长。现任广州大学网络空间先进技术研究院名誉院长，内容安全技术国家工程实验室主任，中国电子信息产业集团首席科学家，哈尔滨工业大学（深圳）计算机学院首席顾问，北京邮电大学可信计算与服务教育部重点实验室主任，中国中文信息学会理事长，中国标准化协会网络与信息安全技术委员会主席。

方滨兴院士长期从事网络安全、信息内容安全、并行处理、互联网技术等方面的研究。创造性地提出建设“国家网络与信息内容安全基础设施”的概念，并率先主持建设了包括“国家网络安全监控平台”在内的多个相关系统。该基础设施已经成为保障国家信息安全的重要手段，取得了显著的社会效益，尤其是在公共互联网上的网络安全事件的处置等方面发挥了重大的作用。先后担任信息安全关键技术“973”项目、社交网络分析“973”项目首席科学家，在网络与信息安全领域做出了突出贡献。曾获国家科技进步一、二等奖4项，省部级科技进步奖十余项，省、市青年科技奖3次。曾获全国“杰出专业技术人才”称号，入选首批新世纪百千万人才工程国家级人选。出版著作3部，发表论文400余篇，培养硕士、博士百余人。

2005年当选中国工程院院士。

张尧学

中国工程院院士，清华大学计算机系教授，博士生导师。1982年获西北电讯工程学院学士学位，1989年3月获日本东北大学博士学位。1990年4月回国至今一直在清华大学计算机系从事教学科研，1993年被聘为教授。1995年任麻省理工学院访问科学家，1995-1997年兼任电子工业部计算机司副司长，1998-1999年任日本会津大学访问教授，1999-2011年在教育部工作，2001-2006年任中央广播电视大学校长。曾任教育部科学技术司司长、高等教育司司长、国务院学位委员会办公室主任，2011年11月至2017年6月任中南大学校长，2009年至2010年任国家重大科技专项第一专项技术责任人。现任中国电子学报英文版（CJE）主编。

张尧学院士长期从事计算机网络、操作系统和普适计算等研究工作，主持完成了多项国家级科研、国际合作及重大产业化项目。以第一完成人获国家自然科学一等奖1项，国家技术发明二等奖1项、国家科技进步二等奖2项、省部级奖励6项；获2005年何梁何利基金科学与技术进步奖。获得国家发明专利34项，美国发明专利4项；获第九届中国专利优秀奖。在国内外期刊和学术会议上发表学术论文200余篇；出版专著和教材9部。2007年和2014年分别获得IEEE AINA 2007国际会议和IEEE HPCC 2014国际会议最佳论文奖。

张尧学院士目前主要研究方向是透明计算和操作系统，特别是在物联网（IOT）和可穿戴设备等环境下软硬件系统如何跨平台、节能，以及不同服务的推送与控制等问题。

2007年当选中国工程院院士。

吴建平

中国工程院院士，清华大学计算机系主任、教授，博士生导师，计算机网络专家。1977年毕业于清华大学电子工程系计算机专业，1982年和1997年分别获清华大学计算机科学与技术硕士和博士学位。现任清华大学网络科学与网络空间研究院院长，信息化技术中心主任，下一代互联网核心网国家工程实验室主任，中国教育和科研计算机网CERNET专家委员会主任和国家网络中心主任，国家信息化专家咨询委员会委员，中国互联网协会副理事长，IEEE Fellow。曾任亚太先进网络学会APAN主席。

吴建平院士长期从事计算机网络技术研究、工程建设和人才培养，是我国互联网工程科技领域的主要开拓者和学术带头人之一。先后主持研制成功中国教育和科研计算机网CERNET，中国下一代互联网示范工程核心网CNGI-CERNET2，突破IPv6核心路由器关键技术，攻克和引领国际下一代互联网真实源地址验证SAVA和4over6过渡两项技术创新。先后获国家技术发明二等奖1项（2013），国家科技进步二等奖3项（2007、2005、1997）、三等奖1项（1997），均排名第一。先后获国家杰出青年基金（1998），长江学者特聘教授（2000），何梁何利基金科学与技术进步奖（2008），国际互联网协会ISOC乔纳森·帕斯塔尔奖（2010），IEEE Fellow（2012）。2017年入选国际互联网协会“互联网名人堂”。

2015年当选中国工程院院士。

廖湘科

中国工程院院士，中国人民解放军国防科技大学计算机学院院长、研究员，计算机系统软件专家。1985年毕业于清华大学计算机系。

廖湘科院士长期从事高性能计算机系统软件与通用操作系统的科研工作，参加研制了银河2到银河Y四代高性能计算机，主持研制了天河一号、天河二号高性能计算机以及麒麟操作系统。研究成果曾获国家科技进步特等奖1项、一等奖3项，部委级科技进步一等奖8项，为我国高性能计算机系统研制跻身世界领先行列、为国产基础软件的安全可靠发展做出重要贡献。曾获光华工程科技奖，中国青年科技奖、中国科协求是杰出青年实用工程奖，军队杰出专业技术人才奖，中国计算机学会王选奖等。

2015年当选中国工程院院士。

王小云

中国科学院院士，清华大学高等研究院和计算机系教授，博士生导师，密码学家。1993年博士研究生毕业于山东大学数学系。现任清华大学密码理论与技术研究中心主任，北京信息科学与技术国家研究中心副主任，中国密码学会副理事长。兼任中国科协女科技工作者专门委员会委员、中国女科技工作者协会常务理事，中国数学学会常务理事。

王小云院士长期从事密码理论及相关数学问题研究。提出了密码哈希函数的碰撞攻击理论，即模差分比特分析法，破解了包括MD5、SHA-1在内的5个国际通用哈希函数算法；给出了系列消息认证码MD5-MAC等的子密钥恢复攻击和HMAC-MD5的区分攻击；提出了格最短向量求解的启发式算法二重筛法；设计了我国哈希函数标准SM3，该算法在金融、国家电网、交通等国家重要经济领域广泛使用。

代表论文50余篇，其中3篇获欧密会、美密会最佳论文。曾获国家杰出青年基金（2005），长江学者特聘教授（2006），陈嘉庚科学奖（2006），中国科协求是杰出科学家奖（2006），中国青年女科学家奖（2006），国家自然科学二等奖（2008），苏步青应用数学奖（2010），中国密码学会密码创新奖特等奖（2014），网络安全优秀人才奖（2016），全国优秀科技工作者（2016），全国创新争先奖状（2017）等。

2017年当选中国科学院院士。

杨孟飞

中国科学院院士，中国空间技术研究院研究员。1982年本科毕业于西北电讯工程学院（现为西安电子科技大学）计算机系，1985年硕士研究生毕业于中国空间技术研究院北京控制工程研究所，2005年博士研究生毕业于清华大学计算机系。任探月工程三期探测器系统总设计师。

杨孟飞院士主要从事空间飞行器系统总体、控制系统和高可靠控制计算机等方面研究和开发。提出了空间飞行器月地高速再入返回系统方法，突破半弹道跳跃式再入返回关键技术。发明了一种复杂卫星姿态控制方法和装置，解决卫星甚高精度、强适应控制关键科学问题。提出了空间控制计算机容错方法，创建动态可重构容错体系结构。曾获国家技术发明二等奖1项、国家科技进步创新团队奖1项、国家科技进步二等奖1项、部级奖11项（其中一等奖8项）。

2017年当选中国科学院院士。

郭毅可

英国皇家工程院院士，英国帝国理工学院计算机系教授，帝国理工数据科学研究所所长。1985年毕业于清华大学计算机系计算机专业，获工学学士学位并成为首批清华硕博连读生。1987年被公派至英国留学，1993年博士毕业于英国帝国理工学院计算机系，获科学博士学位。2002年成为英国帝国理工学院计算机系计算机科学教授，2014年创建帝国理工数据科学研究所并被任命为所长。2015年4月，上海大学聘请郭毅可出任计算机工程与科学学院院长。

自20世纪90年代中期以来，郭毅可院士多年从事分布式数据挖掘，以及在网格计算、云计算、物联网以及生命科学领域中的数据科学的研究，并在众多重大研究项目中做出突出贡献。曾获得2002年Discovery Net超级计算大会“最具创新数据密集型应用奖”，以及2014年U-BIOPRED的Bio-IT世界“最佳实践奖”。发表文章、论文和报告200余篇。在数据科学应用研究方面取得了一系列重要成果，作为项目负责人获得英国工程和物理科学基金委员会，欧盟基金会和工业界逾1.3亿英镑的科研经费。他领导的帝国理工学院数据科学研究所成果突出，已成为英国数据科学研究的重要中心。他领导开发的软件产品广泛应用于工业界。

2018年当选英国皇家工程院院士。

清华大学计算机学科国际评估委员会

（2010年）

主席

John Hopcroft
美国康奈尔大学教授，
图灵奖获得者

成员

Frans Kaashoek
美国麻省理工学院教授，美国工程院院士，美国艺术与科学院院士

高光荣
美国特拉华大学终身教授，美国国家工程院院士

Jun Murai
日本庆应义塾大学教授，日本科学委员会委员

李　明
加拿大滑铁卢大学教授，
加拿大皇家科学院院士

Nadia Magnenat-Thalmann
瑞士日内瓦大学教授，瑞士工程科学院院士

Wendy Hall
英国南安普敦大学教授，英国皇家学会、皇家工程院院士

注：按姓名字母排序

清华大学计算机学科顾问委员会
（2017—2020年）

主席

陈　元
中国人民政治协商会议第十二届全国委员会副主席

副主席

邱　勇
清华大学校长，中国科学院院士

姚期智
清华大学交叉信息研究院院长，图灵奖获得者，中国科学院院士，美国科学院外籍院士，美国艺术与科学院外籍院士

委员

Adi Shamir
以色列威兹曼科学院教授，图灵奖获得者

陈左宁
中国工程院院士，中国工程院副院长

Frans Kaashoek
美国麻省理工学院教授，美国工程院院士，美国艺术与科学院院士

高　文
中国工程院院士，曾任中国自然科学基金委副主任

Jeff Dean
谷歌公司AI负责人，美国工程院院士

John Hopcroft
美国康奈尔大学教授，图灵奖获得者

Joseph Sifakis
法国国家科学研究中心（CNRS）研究总监，图灵奖获得者

李国杰
中国工程院院士，曾任中国科学院计算技术研究所所长

李　凯
美国普林斯顿大学教授，美国工程院院士

李　未
北京航空航天大学教授，中国科学院院士

楼继伟
全国社会保障基金理事会理事长，曾任财政部部长

卢锡城
国防科技大学教授，中国工程院院士

吕　建
南京大学校长，中国科学院院士

马化腾
腾讯公司创始人、董事会主席兼首席执行官

Michael I. Jordan
美国加州大学伯克利分校教授，美国科学院院士，美国工程院院士，美国艺术与科学院院士

潘云鹤
全国政协外事委员会主任，中国工程院院士

清华大学计算机学科顾问委员会（2017—2020年）

委员

沈向洋
微软公司全球执行副总裁，美国工程院外籍院士

孙家广
清华大学教授，中国工程院院士

谭铁牛
中央政府驻港联络办副主任，中国科学院院士

Vinton Gray Cerf
谷歌公司副总裁，图灵奖获得者，美国工程院院士

王小川
搜狗公司首席执行官

Wendy Hall
英国南安普敦大学教授，英国皇家学会、皇家工程院院士

吴建平
清华大学计算机科学与技术系主任，中国工程院院士

徐扬生
香港中文大学（深圳）校长，中国工程院院士

杨学军
中国人民解放军军事科学院院长，中国科学院院士

张　钹
清华大学教授，中国科学院院士

张尧学
清华大学教授，中国工程院院士

赵沁平
北京航空航天大学教授，中国工程院院士

赵伟国
北京健坤投资集团有限公司董事长，曾任紫光集团有限公司董事长

注：按姓名字母排序

各行各业的部分系友代表

杨天行（1957届）

曾任电子工业部计算机司司长，中国软件行业协会会长，全国信息技术标准化技术委员会主任委员

缪道期（1958届）

曾任公安部计算机局总工程师，中国计算机学会计算机安全专业委员会荣誉主任

谭浩强（1958届）

全国高等院校计算机基础教育研究会会长，计算机科普教育专家，著有《BASIC语言》等科普读物数十种

谢锡迎（1959届）

曾任原北京经济学院院长，电子工业部教育局局长，国家教委副秘书长，驻澳大利亚教育参赞

王友彭（1959届）

北京市知识产权局第一任局长

杨　歧（1959届）

曾任中国核动力研究设计院院长，第十届、第十一届全国政协常委

徐伯权（1959届）

曾担任中国电子科技集团公司第二十八研究所副总工程师

严晓蒸（1959届）

中国初级卫生保健基金会法人代表兼秘书长，中国健康工程创始人，曾任农工民主党中央社会服务部部长

殷子烈（1960届）

曾任中国国际企业合作公司总经理、党委书记，中国康华实业公司总经理，四机部科技司副司长等职务

李　晔（1960届）

曾任电子工业部计算机总局局长，中国人民银行科技司司长

孙凝生（1960届）

曾任中国载人航天工程运载火箭系统副总设计师

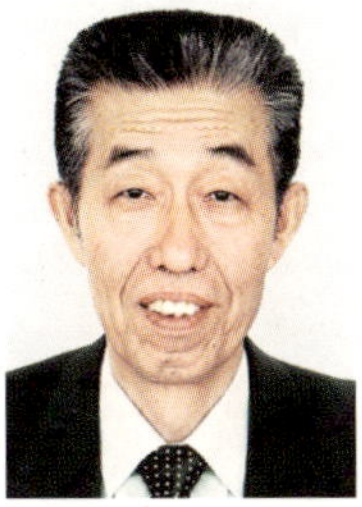

白拜尔（1962届）

第九届和第十届全国政协委员，曾任某卫星工程总设计师，航空航天部总工程师，国务院稽查特派员、监事会主席

林馥卿（1962届）

曾任中共沈阳市委常委，组织部长、政协沈阳市委员会常务副主席

张洁瑜（1963届）

曾任中共中央组织部办公厅主任，中共中央组织部部务委员、秘书长

金德琨（1963届）

曾任航空工业部电子火控导弹局总工程师，上海航空电子公司总经理，中国机载设备总公司副总经理兼总工程师

赵树阁（1963届）

曾任电子部20所所长，福建华夏电子公司总经理

栾贵兴（1963届）

曾任中国科学院沈阳计算技术研究所所长

王道修（1964届）

曾任山西省监察厅厅长

张国煊（1964届）

曾任杭州电子科技大学副校长

孙承鑑（1965届）

曾任国家图书馆副馆长

华平澜（1965届）

曾任北京市信息办主任，北京软件行业协会会长

杨明炯（1965届）

曾任长江计算机集团总经理

张福森（1965届）

曾任司法部部长，新疆维吾尔自治区委副书记，中共十三届至十六届中央委员，第十届全国政协委员，第十一届全国政协常委

张翊鉦（1965届）

计算数学专业毕业，西安卫星测控中心技术部研究员，少将军衔

郝春民（1966届）

曾任深圳人大常委会副主任，深圳市科技局局长

印甫盛（1967届）

开联信息技术有限公司董事长，曾任中国人民银行清算中心主任

张轴材（1967届）

长期担任ISO/ IRG召集人，中日韩汉字统一编码(CJK)主持者，主持完成文渊阁《四库全书》等电子版工程

龚传信（1967届）

解放军军械工程学院教授，军队学位委员会学科评议组成员，军事系统工程委员会副主任委员，少将军衔

陈　静（1968届）

曾任中国科学院成都计算机应用研究所所长，中国人民银行科技司司长

祁力群（1968届）

香港理工大学教授，俄罗斯Petrovskava科学院外籍院士

单怀光（1968届）

通联支付网络服务有限公司独立董事，快连网络服务（上海）有限公司董事长，曾任中国工商银行科技司司长，银联数据服务公司总裁

李铁林（1969届）

曾任中共中央组织部副部长，全国政协委员

马颂德（1969届）

曾任科技部副部长，中科院自动化研究所所长

张华祝（1969届）

中国核能行业协会专家委员会常务副主任，曾任国防科工委副主任兼国家原子能机构主任，中共第十五届、十六届中央候补委员，第十届全国政协委员

陈 元（1970届）

曾任中国人民银行副行长，国家开发银行行长，第十二届全国政协副主席

唐建邦（1970届）

曾任中国农业银行党委书记、副行长

瞿振元（1970届）

曾任中国高等教育学会会长，中国农业大学党委书记，中国农村政策研究中心研究员，第十届、十一届全国政协委员

姜大源（1970届）

教育部职业技术教育中心研究所研究员，入选2017年“当代教育名家”

葛进宝（1970届）

原军委办公厅机要技术保障大队高级工程师，曾获国家有突出贡献中青年专家称号

尚文锦（1970届）

原中船重工七二四研究所副所长研究员，曾获国家科技进步二等奖

徐小岩（1972级）

解放军原总装备部科技委副主任，中将军衔

赵金云（1972级）

曾任解放军某局局长，少将军衔

杨月仙（1972级）

北京埃德尔集团董事长

李玉琢（1973级）

荣信电力电子股份有限公司高级顾问，曾任华为副总裁

张祖英（1973级）

中国社会科学院马克思主义研究院副院长，曾任国家语委中文信息司综合处处长，原福建省南平师范高等专科学校校长［武夷学院（筹）院长］

彭春龙（1973级）

中国中医科学院研究员，曾任中国中医科学院中医药信息研究所党委书记

梁卫国（1974级）

曾任安徽省人民政府副省长

贾春生（1974级）

海军驻航天星机械制造公司总军事代表

徐惠民（1975级）

曾任惠普公司中国区质量管理总监，惠普公司中国区党委书记

汪正祥（1976级）

曾任北京市测绘设计研究院高级工程师，1989年评为北京市劳动模范

楼继伟（1977级）

全国社会保障基金理事会理事长，曾任财政部部长

潘　毅（1977级）

美国乔治亚州立大学教授、系主任，教育部“长江学者奖励计划”讲座教授

李亚民（1977级）

日本法正大学教授

杨元元（1977级）

美国纽约州立大学石溪分校教授，IEEE Fellow

孙大奇（1977级）

曾任国家信息中心首席工程师

党建武（1977级）

日本先端科技学院（JAIST）教授

程京德（1977级）

日本崎玉大学教授

侯紫峰（1977级）

联想研究院成都分院院长，曾任联想研究院首席研究员

白　硕（1977级）

上海阡寻信息科技有限公司董事长，曾任上海证券交易所总工程师

樊　郊（1977级）

北京尖峰计算机系统有限公司创始人

完　强（1979级）

清华大学全球创新学院GIX北美中心主任

张振清（1979级）

世纪互联联席首席执行官

徐　航（1979级）

深圳迈瑞生物医疗电子股份有限公司董事长，2005年“深圳市长奖”获得者，入选2007年胡润医药富豪榜

薛京灵（1979级）

澳大利亚新南威尔士大学教授

蔡黎明（1979级）

美国佐治亚大学教授

徐　挺（1979级）

中国轻工智能制造专家咨询委员会常务副主任，中国轻工业信息中心智能制造中心常务副主任

章伟雄（1979级）

美国圣路易斯华盛顿大学教授

宫　力（1980级）

Acadine Technologies董事长，曾任SUN中国工程研究院院长，北京谋智网络技术有限公司董事长

张玉志（1980级）

南开大学软件学院院长，深圳点通数据公司董事长，深圳市对外经济技术合作促进会会长

林德康（1980级）

北京奇点机智信息技术有限公司联合创始人，国际计算语言学学会会士

李克勤（1980级）

纽约州立大学讲席教授，湖南大学信息科学与工程学院国家“千人计划”特聘教授

张建伟（1981级）

德国汉堡大学教授，清华德国校友会会长，全国政协海外委员

曾宪奕（1981级）

法国鲁贝国立高等纺织工程学院教授

茅为真（1981级）

美国威廉与玛丽学院教授

徐亚君（1982级）

解放军某研究所高级工程师

李　波（1982级）

香港科技大学教授，教育部“长江学者奖励计划”讲座教授

黄学东（1982级硕）
微软首位华人“全球技术院士”、首席语音科学家，ACM Fellow，IEEE Fellow

邹北骥（1982级硕）
中南大学信息科学与工程学院教授、院长

刘晓林（1983级）
联想集团副总裁

王　敏（1983级）
Google工程总监，曾任惠普中国研究院院长

宋海燕（1983级）
Splunk全球安全事业部总经理，公司高级副总裁

朱志刚（1983级）
美国纽约城市大学教授，曾获全国百篇优秀博士论文奖

刘文印（1983级）
广东工业大学计算机学院特聘教授，广东省第五批引进创新科研团队带头人，国际模式识别学会会士

侯若洪（1983级）
深圳光韵达光电科技股份有限公司董事长

闵卫东（1984级）
南昌大学特聘教授，国家海外高层次人才引进计划（千人计划）入选者

吴　军（1984级）
著有《数学之美》《浪潮之巅》等作品，曾任腾讯副总裁

吴东军（1984级）
美国佐治亚理工大学教授、学科负责人

张志红（1984级）
福建省厦门市发展和改革委员会主任

史　青（1984级）

丽晶软件创始人

张　鑫（1984级）

宜科(天津)电子有限公司总经理，中国机电一体化协会副会长

李　竹（1984级）

英诺天使基金联合创始人，中国青年天使会会长，清华校友TMT协会荣誉会长

刘秀文（1984级）

美国佛罗里达州立大学教授

郑海清（1985级）

兴业银行零售银行管理总部副总裁，曾任厦门兴业银行行长

黄松浪（1985级）

神州泰岳公司副董事长

姜　峰（1985级）

喜马拉雅FM副总裁，曾任McGraw-Hill等多个出版集团北京代表处首席代表

曹　培（1985级）

美国斯坦福大学计算机科学系顾问副教授，Google工程总监、首席工程师

孟洛明（1985级硕）

北京邮电大学教授、学术委员会副主任，教育部“长江学者奖励计划”特聘教授，国家杰出青年科学基金项目获得者

乔　松（1986级）

联想集团高级副总裁

李建航（1986级）

同方股份有限公司首席运营官

方黎江（1986级）

微软（亚洲）互联网工程院副院长

诸葛越（1986级）

Hulu全球副总裁、中国区负责人，曾任雅虎北京全球研发中心产品总监

杨鹏飞（1987级）

惠州市委常委、市政府党组成员，仲恺高新技术产业开发区党委书记，潼湖生态智慧区党工委书记

李　成（1987级）

广东江门海关高级工程师，2003年全国五一劳动奖章获得者，2005年全国劳动模范

周　海（1987级）

美国西北大学教授

刘燕虹（1987级硕）

美国纽约州立大学石溪分校教授

张　晴（1988级）

天津南开允公科技园有限公司董事长，天津市人大代表

杨　阳（1988级）

美国耶鲁大学教授

李　晨（1989级）

加州大学Irvine分校教授

顾险峰（1989级）

美国纽约州立大学石溪分校教授

王雅琳（1989级）

美国亚利桑那州立大学副教授

附录

各行各业的部分系友代表

王　雷（1989级）

第一位完成“7+2”的华人女性（“7+2”指世界各大洲的七大最高峰，以及南北两极点）

李向阳（1990级）

中国科学技术大学计算机学院执行院长，国家杰出青年科学基金项目获得者

李葆春（1990级）

加拿大多伦多大学教授，教育部“长江学者奖励计划”讲座教授

李　康（1990级）

美国佐治亚大学教授

许志翰（1990级）

卓胜微电子（上海）有限公司创始人

羊　东（1990级）

软银赛富投资基金合伙人，赛富中国成长基金总经理

王田苗（1990博后）

北京航空航天大学机器人研究所所长、教授，教育部“长江学者奖励计划”特聘教授

田范江（1991级）

百合佳缘网络集团股份有限公司董事长、百合网创始人

朱国平（1991级）

新华三集团副总裁、云计算产品线研发总裁

张俊波（1991级）

Unity大中华区总经理兼全球副总裁

安　婷（1991级）

IBM大中华区全球信息科技服务部副总裁

周　明（1991博后）

微软亚洲研究院副院长

黄扬清（1992级）

北京汉迪世纪科技有限公司创始人

杨睿刚（1992级）

百度研究院三维视觉首席科学家，曾任美国肯塔基大学教授

谭　焜（1992级）

华为中央软件院副总裁，云网络实验室主任

陈世敏（1992级）

中国科学院计算技术研究所研究员

许颢颖（1992级）

曾任Palo Alto Networks执行副总裁

刘　炜（1992级）

Nvidia工程总监

王　帆（1993级）

中山大学管理学院院长、中山大学高级金融研究院院长

郄小虎（1993级）

滴滴出行首席技术官

廖春元（1993级）

亮风台（上海）信息科技有限公司创始人，中组部“千人计划”国家特聘专家

周　霖（1993级）

狐狸金服集团联合创始人

王　昱（1993级）

美国北卡罗来纳大学夏洛特分校教授，IEEE Fellow

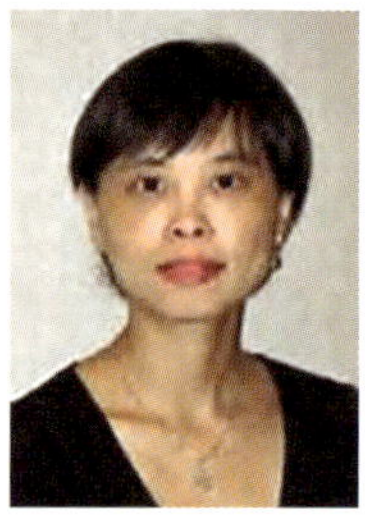

王欲甦（1993级）

美国俄亥俄州立大学教授

司　罗（1993级）

阿里巴巴达摩院机器智能自然语言首席科学家，曾任美国普度大学教授

纪　平（1993级）

美国纽约城市大学教授

陈　咏（1993级）

美国爱荷华大学教授

王伟超（1993级）

美国北卡罗来纳大学夏洛特分校副教授

刘江川（1994级）

加拿大西蒙弗雷泽大学教授

郭　锐（1994级）

北京艾漫数据科技股份有限公司联合创始人

欧新明（1994级）

美国南佛罗里达大学教授

张　奕（1994级）

美国加州大学圣克鲁兹分校教授

李宗鹏（1994级）
加拿大卡尔加里大学教授

谭　刚（1994级）
美国宾夕法尼亚州立大学副教授

黄晓蕾（1994级）
美国宾夕法尼亚州立大学副教授

褚晓文（1994级）
香港浸会大学副教授

鲁爱东（1995级）
美国北卡罗来纳大学夏洛特分校副教授

杨峻峰（1995级）
哥伦比亚大学副教授，Nimble.app联合创始人，获2012年斯隆研究奖

吕　琴（1995级）
美国科罗拉多大学博尔德分校副教授

王小川（1996级）
搜狗公司首席执行官，清华大学天工智能计算研究院联席院长

周　枫（1996级）
网易高级副总裁，网易有道首席执行官

庄　莉（1996级）
蔚来汽车软件发展（中国）副总裁

宋睿华（1996级）
微软（亚洲）互联网工程院微软小冰首席科学家

吴　川（1996级）
香港大学副教授

张小沛（1996级硕）
瓜子二手车直卖网首席技术官

沈　思（1997级）
北京木瓜移动科技有限公司首席执行官

王　鹏（1997级）
英特尔研究院技术合作与战略部总监

魏晓亮（1997级）
Facebook工程副总裁

孙晓明（1997级）
中国科学院计算技术研究所研究员，国家高层次人才特殊支持计划（万人计划）拔尖人才入选者

武延军（1997级）
中国科学院软件研究所研究员，智能软件研究中心主任

牛奎光（1997级）
IDG资本合伙人

易　珂（1997级）
香港科技大学副教授

方　辉（1997级）
美国特拉华大学副教授

黄　兹（1997级）
澳大利亚昆士兰大学副教授

傅晓明（1997级博）
德国哥廷根大学教授、计算机学术院长

汪国平（1997博后）
北京大学信息科学技术学院教授，国家杰出青年科学基金获得者

杨亚俊（1998级）
广西省贵港市港南区副书记、区长

杨洪涛（1998级）
搜狗公司首席技术官

林　凡（1998级）
北京淘友天下技术有限公司（脉脉）创始人

茹立云（1998级）
搜狗公司战略顾问，曾任搜狗首席运营官

段润尧（1998级）
悉尼科技大学教授，百度量子计算研究所所长

李闽溟（1998级）
香港城市大学副教授

季铮锋（1998级）
悉尼科技大学教授

许主洪（1998级）
新加坡管理大学副教授

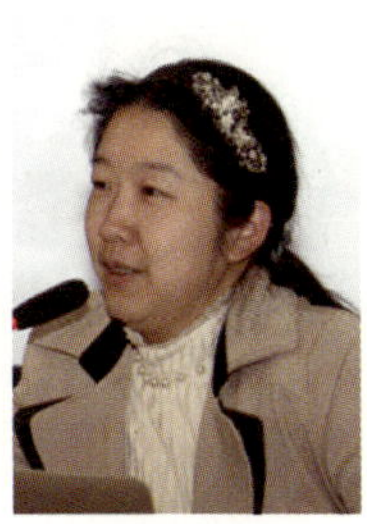

庄　丽（1998级）
中国人民大学附属中学教师

王新兵（1998级硕）
上海交通大学教授，国家杰出青年科学基金项目获得者

附录

各行各业的部分系友代表

陶建华（1998级博）

中国科学院自动化研究所模式识别国家重点实验室副主任、研究员，国家杰出青年科学基金项目获得者

王晓英（1999级）

青海大学副校长，计算机系常务副主任

靳　力（1999级）

青海省海东市平安区委书记

李江波（1999级）

成都高新区电子信息产业局局长

张　岳（1999级）

新加坡科技与设计大学助理教授

鄂　威（1999级）

孔明科技创始人

石润婷（1999级）

美国康奈尔大学副教授，获2014年斯隆研究奖

来煜坤（1999级）

英国卡迪夫大学Reader（即正教授），曾获全国百篇优秀博士论文奖

张胜誉（1999级硕）

腾讯量子实验室杰出科学家，香港中文大学副教授

王　曦（2000级）

华盛顿大学助理教授，MIT博士毕业，曾获OSDI最佳论文奖

曾柏毅（2000级）
春雨天下软件有限公司首席技术官

齐　伟（2000级）
北京柠檬微趣科技股份有限公司董事长

郑晓博（2000级）
北京市顺义区人民政府副区长、区慈善协会会长

陈　婧（2000级）
美国纽约州立大学石溪分校助理教授

李　默（2000级）
新加坡南洋理工大学副教授

庞　一（2001级）
四达时代集团研究院常务副院长

陆品燕（2001级）
上海财经大学信息学院教授，理论计算机科学研究中心主任

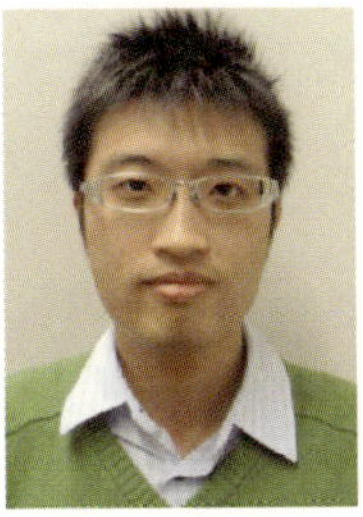

刘方明（2001级）
华中科技大学教授，国家高层次人才特殊支持计划（万人计划）拔尖人才入选者，国家自然科学基金优秀青年科学基金项目获得者

麻晓娟（2001级）
香港科技大学助理教授

崔鹤鸣（2001级）
香港大学助理教授

李锡荣（2001级）
中国人民大学副教授

姜　皓（2001级）
湖北省随州市曾都区委常委、常务副区长

方存好（2001级博）
成都高新区党工委书记

冯　元（2001级博）
悉尼科技大学教授，曾获全国百篇优秀博士论文奖

朱东海（2001博后）
海南省知识产权局局长

李三江（2001博后）
悉尼科技大学教授

曹　毅（2002级）
源码资本创始合伙人，入选福布斯全球最佳创投人榜“迈达斯”榜单

邓　嘉（2002级）
密歇根大学助理教授，获2013年马尔奖、2018年斯隆研究奖

周文超（2002级）
美国乔治城大学助理教授

姚　岱（2002级）
新加坡国立大学助理教授

单志广（2002博后）
国家信息中心信息化和产业发展部主任，新世纪百千万人才工程国家级入选者

楚科纬（2003级）
陆军某集团军司令部作训处参谋，全军爱军精武标兵，中共十八大代表

蓝晏翔（2003级）

友信金服（人人贷）首席技术官

王宏宁（2003级）

美国弗吉尼亚大学助理教授

陈　汐（2003级博）

美国哥伦比亚大学副教授，获2012年斯隆研究奖

鬲　融（2004级）

杜克大学助理教授

贝小辉（2004级）

新加坡南洋理工大学助理教授

楼天城（2004级）

小马智行联合创始人，入选2017年《麻省理工科技评论》“35岁以下创新35人”中国榜单

周　源（2005级）

美国印第安纳大学助理教授

胡伟栋（2005级）

北京师范大学附属实验中学教师、信息学竞赛教练

附录

各行各业的部分系友代表

兼职教授、客座教授、杰出访问教授及讲席教授组

蒋　朦（2006级）

美国圣母大学助理教授

谭宸浩（2006级）

美国科罗拉多大学博尔德分校助理教授

印　奇（2006级）

北京旷世科技有限公司首席执行官，入选福布斯“30岁以下青年领袖榜单”

唐文斌（2006级）

北京旷视科技有限公司联合创始人

张永锋（2007级）

美国罗格斯大学助理教授

程明明（2007级博）

南开大学教授，入选国家“万人计划”青年拔尖人才，首批天津市杰出青年基金获得者

兼职教授、客座教授、杰出访问教授及讲席教授组

曾任和现任兼职教授

唐稚松	中科院软件所
徐家福	南京大学
周远清	教育部
杨天行	电子部
戴汝为	中科院自动所
汪成为	国防科工委
金怡廉	总参58所
张效祥	总参58所
杨芙清	北京大学
高　文	北京大学
李　未	北京航空航天大学
张尧学	教育部
陆宏钧	香港科技大学
张　翔	第二炮兵司令部
李国杰	中科院计算所
何新贵	北京大学
倪光南	中科院计算所
冯登国	中科院软件所
方滨兴	北京邮电大学
陈左宁	总参56所
戴　浩	总参61所
蔡吉人	国家密码管理局
李德毅	总参61所
金　海	华中科技大学
林惠民	中科院软件所
沈昌祥	海军计算技术研究所
杨学军	国防科技大学

曾任和现任客座教授

徐扬生	美国卡内基梅隆大学
	香港中文大学
李开复	微软中国研究院
李大维	BELL LABS中国研究院
程中宽	美国加州大学圣迭戈分校
张宏江	微软中国工程院
李　凯	美国普林斯顿大学
张立霞	美国加州大学洛杉矶分校
赵　伟	美国自然基金委员会
蔡维德	美国亚利桑那州立大学
郑妙勤	IBM中国开发实验室
高光荣	美国特拉华大学
Vinton Gray Cerf	美国Google公司
Ralph R Martin	英国卡迪夫大学计算机系
Wendy Hall	英国南安普顿大学　ACM Chair
野口正一	日本东北大学
高木冬二	日本MEKTRON株式会社
顾　钧	香港科技大学

杰出访问教授

裴　健	加拿大西蒙弗雷泽大学
蔡达成	新加坡国立大学
张世富	美国哥伦比亚大学

访问教授

何宗易	新竹清华大学
刘小文	美国佛罗里达国际大学

讲席教授组

黄煦涛讲席教授组

黄煦涛	美国伊利诺伊大学
	美国工程院院士
孙明廷	美国华盛顿大学
J.K.Aggarwal	美国德克萨斯大学奥斯汀分校
Alfred.M.Bruckstein	以色列理工学院
Michael Lew	荷兰莱顿大学

Helmut Pottmann 奥地利维也纳科技大学
Mark Johnson 美国伊利诺伊大学
张大鹏 香港理工大学
张建伟 德国汉堡大学
黄正能 美国华盛顿大学
刘志强 香港城市大学
蒙美玲 香港中文大学
翟树民 IBM 阿尔马登研究中心
Thomas Moscibroda 微软亚洲研究院
Christos Papadimitriou 美国加州大学伯克利分校
Michael Saks 美国罗格斯大学
Vlatko Vedral 英国牛津大学
Umesh Vazirani 美国加州大学伯克利分校
Frances Foong Yao 香港城市大学
Uri Zwick 以色列特拉维夫大学

姚期智讲席教授组（第一期）

姚期智 美国普林斯顿大学
美国科学院院士
葛可一 美国纽约州立大学石溪分校
邓小铁 香港城市大学
邵　中 美国耶鲁大学
滕尚华 美国波士顿大学
堵丁柱 美国明尼苏达大学
尹依群 美国普林斯顿大学
蔡进一 美国威斯康星大学
李　明 加拿大滑铁卢大学
姜　涛 美国加州大学河滨分校
刘燕虹 美国纽约州立大学石溪分校

姚期智讲席教授组（第二期）

姚期智 美国普林斯顿大学
中国科学院院士
Sanjeev Arora 美国普林斯顿大学
Bernard Chazelle 美国普林斯顿大学
Pak-Chung Ching 香港中文大学
Luming Duan 美国密歇根大学
Martin Charles Golumbic 以色列海法大学
Silvio Micali 美国麻省理工学院

Frans Kaashoek讲席教授组

Frans Kaashoek 美国麻省理工学院
美国工程院院士
黄　铠 美国南加州大学
李　凯 美国普林斯顿大学
游本中 美国明尼苏达大学
张立霞 美国加州大学洛杉矶分校
高光荣 美国特拉华大学
周源源 美国伊利诺伊州大学香槟分校
张晓东 美国俄亥俄州立大学
吴　杰 美国佛罗里达大西洋大学
杨　庆 美国罗德岛大学
沈学明 加拿大滑铁卢大学
李金扬 美国纽约大学
杨　阳 美国耶鲁大学
刘江川 加拿大西蒙弗雷泽大学
K.K. Ramakrishnan 美国加州大学河滨分校

神经与认知计算讲席教授组（第一期）

Michael Merzenich 美国加州大学旧金山分校
美国科学院院士
庄炳煌 美国佐治亚理工学院
美国工程院院士
王小勤 美国约翰霍普金斯大学

John Rinzel	美国纽约大学
汪小京	美国耶鲁大学
Peter Dayan	英国伦敦大学学院
李兆平	英国伦敦大学学院
党建武	日本北陆先端科学技术大学
Steven S. Hsiao	美国约翰霍普金斯大学

神经与认知计算讲席教授组（第二期）

Biing-Hwang Juang	美国佐治亚理工学院
	美国工程院院士
Steven S. Hsiao	美国约翰霍普金斯大学
Charles E. Connor	美国约翰霍普金斯大学
Tony Jebara	美国哥伦比亚大学
Fei-Fei Li	美国斯坦福大学
Xiaojin Zhu	美国威斯康星大学
Yanxi Liu	美国宾夕法尼亚州立大学
聂建云	加拿大蒙特利尔大学
张建伟	德国汉堡大学

杰出科研人才代表及创新团队

附录

杰出科研人才代表及创新团队

国家高层次人才特殊支持计划（万人计划）领军人才入选者

胡事民（2012）

国家"百千万人才工程"入选者

吴建平（1996）　应明生（2006）　王小云女（2007）
胡事民（2009）

教育部"长江学者奖励计划"特聘教授

吴建平（1999）　应明生（2001）　冯　铃女（2006）
王小云女（2006）　胡事民（2007）　史元春女（2012）
舒继武（2014）　朱纪洪（2014）

国家杰出青年科学基金项目获得者

吴建平（1997）　应明生（1997）　胡事民（2002）
王小云女（2005）　刘　斌（2006）　孙富春（2006）
舒继武（2009）　温江涛（2011）　任丰原（2012）
陈文光（2015）　徐明伟（2016）　刘永进（2017）
唐　杰（2018）　徐　恪（2018）

科技部国家重点基础研究发展计划（973）项目首席科学家

吴建平（2003）　胡事民（2006）　姚期智（2007）
朱纪洪（2012）　王小云女（2013）　孙茂松（2014）
朱文武（2015）

国家高层次人才特殊支持计划（万人计划）拔尖人才入选者

朱　军（2014）　李国良（2016）

教育部"长江学者奖励计划"青年学者

崔　勇（2015）　李国良（2016）　李　丹（2017）

国家自然科学基金优秀青年科学基金项目获得者

唐　杰（2012）　刘永进（2013）　朱　军（2013）
崔　勇（2014）　李国良（2014）　喻文健（2014）
李　丹（2015）　刘　洋（2015）　刘奕群（2016）
翟季冬（2017）　徐　昆（2018）

科技部国家重点基础研究发展计划（973）青年科学家专题项目首席科学家

李　丹（2014）　李国良（2015）

何梁何利基金科学与技术进步奖获得者

张尧学（2005）　吴建平（2008）　郑纬民（2016）

中国计算机学会（CCF）终身成就奖获得者

张　钹（2014）　唐泽圣（2016）

中国计算机学会（CCF）中国计算机事业六十年杰出贡献奖获得者

胡道元（2016）　李三立（2016）　王尔乾（2016）
吕文超（2016）　王鼎兴（2016）

中国计算机学会（CCF）夏培肃奖获得者

蔡莲红女（2016）

电气电子工程师学会会士（IEEE Fellow）

洪先龙（2003）　朱文武（2009）　吴建平（2011）
温江涛（2011）　王建勇（2017）　舒继武（2018）

ACM杰出科学家（ACM Distinguished Scientist）

朱文武（2012）

教育部新世纪优秀人才支持计划（2004—2014年设奖）入选者

孙富春（2004）　史元春女（2004）　任丰原（2005）
舒继武（2005）　徐明伟（2006）　王建勇（2007）
徐　恪（2008）　崔　勇（2010）　刘永进（2011）
孙立峰（2012）　李国良（2013）

中国科协青年人才托举工程入选者

崔　鹏（2015）　陆游游（2015）　刘知远（2016）

徐　昆（2016）

北京市科技新星计划入选者

尹　浩（2009）　唐　杰（2011）　崔　勇（2012）

中创软件人才奖获得者

应明生（2000）　杨广文（2006）　舒继武（2007）

李三江（2008）　武永卫（2011）　徐　恪（2012）

崔　勇（2013）　朱　军（2015）

中国计算机学会青年科学家

冯建华（2009）　徐明伟（2010）　徐　恪（2011）

唐　杰（2012）　朱　军（2013）　李国良（2014）

中国中文信息学会钱伟长中文信息处理科学技术奖汉王青年创新一等奖获得者

刘奕群（2010）　刘　洋（2014）　刘知远（2016）

清华大学学术新人奖获得者

吴建平（1995）　李　伟（1996）　马少平（1999）

孙富春（2002）　舒继武（2005）　唐　杰（2010）

李　丹（2014）　刘奕群（2015）　朱　军（2016）

国家自然科学基金委创新研究群体

智能信息处理的理论与方法团队（2003）

学术带头人：应明生

成　员：胡事民　张　钹　马少平　孙茂松　邓志东　朱小燕女　孙富春　李三江　冯　元　孙晓明

网络可视媒体智能处理团队（2015）

学术带头人：胡事民

成　员：冯　铃女　刘永进　史元春女　温江涛　杨士强

教育部创新团队发展计划入选者

下一代互联网关键技术研究团队（2008）

学术带头人：吴建平

网络海量可视媒体智能处理团队（2011）

学术带头人：胡事民

飞行动力学与飞行控制团队（2017）

学术带头人：朱纪洪

国际重要学术荣誉获得者

年　份	姓　名	奖　　项
2010年	吴建平	国际互联网协会乔纳森·波斯塔尔奖（Jonathan B. Postel Award）
2013年	朱　军	IEEE Intelligent Systems AI's 10 to Watch
2014年	朱文武	国际光学工程学会会士（SPIE Fellow）
2014年	李国良	电气电子工程师学会数据工程领域杰出新人奖（IEEE TCDE Early Career Award）
2016年	朱文武	美国科学促进会会士（AAAS Fellow）
2017年	吴建平	国家互联网协会互联网名人堂（Internet Hall of Fame）
2017年	李国良	VLDB青年贡献奖（Early Career Research Contribution Award）
2018年	朱　军	《麻省理工科技评论》中国区"35岁以下科技创新35人"

现任系各组织机构人员

系党政班子

系主任：　吴建平

副主任：　朱文武　武永卫　徐　恪　唐　杰

党委书记：　刘奕群

党委副书记：贾　珈女　刘知远

系分工会

工会主席：　贾　珈女

工会副主席：蔡英明

研究所

智能技术与系统实验室（智能技术与系统国家重点实验室中心实验室）

所长：刘　洋

高性能计算研究所

所长：薛　巍

计算机网络技术研究所

所长：崔　勇

计算机软件研究所

所长：李国良

人机交互与媒体集成研究所

所长：刘永进

基础与实验教学部

主任：武永卫

研究中心和实验室

智能技术与系统国家重点实验室

负责人：朱小燕女

普适计算教育部重点实验室

负责人：史元春女

清华大学媒体与网络技术教育部－微软重点实验室

负责人：温江涛

网络多媒体北京市重点实验室

负责人：杨士强

可视媒体智能处理与内容安全北京市高等学校工程研究中心

负责人：胡事民

清华大学－腾讯科技（深圳）有限公司互联网创新技术联合实验室

负责人：胡事民

清华大学密码理论与技术研究中心

负责人：王小云女

清华大学－悉尼科技大学量子计算与人工智能联合研究中心

负责人：应明生

清华大学大规模在线教育研究中心

负责人：孙茂松

清华大学高性能计算研究中心

负责人：杨广文

清华大学－新加坡国立大学下一代搜索技术联合研究中心

负责人：孙茂松

清华大学－同方股份有限公司计算机系统结构联合研究中心

负责人：武永卫

数字内容防伪与安全取证新闻出版社科技与标准重点实验室

负责人：王道顺

清华大学天工智能计算研究院

负责人：吴建平

清华大学（计算机系）－北京阿尔山金融科技有限公司区块链技术联合研究中心

负责人：孙茂松

清华大学（计算机系）－中国工程院战略咨询中心知识智能联合研究中心

负责人：唐　杰

清华大学（计算机系）－北京世纪好未来教育科技有限公司智能教育信息技术联合研究中心

负责人：李国良

清华大学人工智能研究院

负责人：张　钹

清华大学—内蒙古和林格尔新区分布式数据处理系统联合研究中心

负责人：陈　康

委员会

学术委员会

主　任：　孙富春

副主任：　陈文光　任丰原

委　员：　冯　铃女　胡事民　李涓子女　马少平
　　　　　史元春女　舒继武　武永卫　徐明伟
　　　　　张　钹　赵有健　朱小燕女　朱文武

秘　书：　孙立峰

学位评定分委员会

主　席：　孙茂松

副主席：　冯建华　顾　明

委　员：　蔡懿慈女　胡事民　李　建　朱文武
　　　　　任丰原　汪东升　王建民　杨广文
　　　　　杨家海　徐　恪　张　慧女　朱小燕女

秘　书：　李　丹

系教学工作委员会

主　任：　胡事民

副主任：　武永卫　刘卫东　贾　珈女

委　员：　白晓颖女　崔　勇　李涓子女　刘永进
　　　　　马少平　马昱春女　徐明星　张悠慧
　　　　　朱　军　赵　颖女　赵有健　郑　莉女

机关办公人员

系主任助理：丁　力

教学办公室

主　任：　马昱春女

人　员：　郭竞宇女　鲍丽薇女　戴　音女　李晓寒女
　　　　　韩　怡女

科研保密办公室

主　任：　崔　鹏

人　员：　刘翔岩女　辛建伟女　陈俊竹女

党委办公室

主　任：　蔡英明

人　员：　张　慧女　佟慧敏女　杨　波女　苏芝兰女

人事行政办公室

主　任：　谢裕元女

人　员：　毛京园　吴　刚　刘　丹女　吴茜雯女

系友基金办公室

主　任：　贾　珈女

人　员：　唐　玲女　李　静女　薛国聪女

清华大学计算机系校友会理事会

（2012年成立）

名 誉 会 长：凌瑞骥　周远清　张福森　陈　元　楼继伟

名誉副会长：唐泽圣　李三立　王尔乾　杨天行　张　钹

王鼎兴　李衍达　唐美刚　谢锡迎　黄汉文

殷子烈　李伯虎　林学闾　华平澜　孙承鉴

吴宏鑫　印甫盛　龚传信　陈　静　戴　浩

罗建北女　瞿振元　张再兴　周立柱　孙家广

唐建邦　贾培发　张凤昌　徐小岩　方滨兴

张尧学

会　　长：吴建平

常务副会长：孙茂松

副 会 长：林　闯　杨士强　官　力　廖湘科　张建伟

潘　毅　李　竹　黄松浪　王小川

秘 书 长：许　斌

副 秘 书 长：刘卫东　邓永强　赵　岑　丁　力　蔡英明

学术委员会及学位评定分委员会

清华大学计算机科学与技术系学术委员会

1997年

主　任：张　钹

副主任：石纯一

1998—2000年

主　任：张　钹

副主任：石纯一　林行良

委　员：郑纬民　史美林　袁曾任　林学訚　王爱英　蒋维杜

2001—2003年

主　任：张　钹

副主任：周立柱　李三立

委　员：洪先龙　林学訚　孙家广　孙增圻　汤志忠　王克宏　吴建平　徐光祐　石纯一　史美林　杨士强　应明生　郑纬民　钟玉琢

秘　书：刘翔岩（女）

2004—2006年

主　任：周立柱

副主任：朱小燕（女）　史元春（女）

委　员：张　钹　李三立　孙家广　郑纬民　林　闯　吴建平　杨士强　应明生　胡事民　汤志忠　蔡莲红（女）　马少平

秘　书：陈文光

2007 2009年

主　任：林　闯

副主任：史元春（女）　杨广文

委　员：张　钹　李三立　周立柱　郑纬民　吴建平　应明生　冯　铃（女）　杨士强　胡事民　马少平　史元春（女）　蔡懿慈（女）　徐明伟　孙茂松

秘　书：薛　巍

2010—2011年

主　任：林　闯

副主任：孙富春　舒继武

委　员：张　钹　李三立　吴建平　冯建华　胡事民　史元春（女）　马少平　徐明伟　艾海舟　刘　斌　陈文光　冯　铃（女）

秘　书：孙立峰

2012—2014年

主　任：林　闯

副主任：孙富春　舒继武

委　员：张　钹　李三立　吴建平　冯建华　冯　铃（女）　胡事民　史元春（女）　马少平　徐明伟　陈文光　艾海舟　刘　斌

秘　书：孙立峰

2015—2017年

主　任：孙富春

副主任：陈文光　任丰原

委　员：冯　铃（女）　胡事民　李涓子（女）　马少平　史元春（女）　舒继武　武永卫　徐明伟　张　钹　赵有健　朱小燕（女）　朱文武

秘　书：孙立峰

2018年至今

主　席：孙富春

副主席：陈文光　任丰原

委　员：冯　铃（女）　胡事民　李涓子（女）　马少平　史元春（女）　舒继武　武永卫　徐明伟　张　钹　赵有健　朱小燕（女）　朱文武

秘　书：孙立峰

清华大学计算机科学与技术学位评定分委员会

1997—2000年

主　席：孙增圻

副主席：张尧学

委　员：孙家广　徐光祐　洪先龙　戴一奇
赵锦蓉女　张　钹　郑纬民　王克宏
蒋维杜

2000—2004年

主　任：孙增圻

副主任：洪先龙　徐光祐

委　员：戴一奇　孙家广　郑纬民　王克宏
赵锦蓉女　张素琴女　马少平　刘　斌

秘　书：郭竞宇女

2004—2007年

主　席：郑纬民

副主席：胡事民　覃　征

委　员：边计年　蔡莲红女　戴一奇　林　闯
孙家广　孙增圻　孙茂松　吴建平
汪东升　王建民　张素琴女

秘　书：刘卫东

2007—2010年

主　席：胡事民

副主席：冯建华　王建民

委　员：孙家广　汪东升　舒继武　吴建平
林　闯　戴一奇　孙富春　朱小燕女
孙茂松　蔡莲红女　边计年　张　慧女

秘　书：徐　恪

2010—2014年

主　席：胡事民2012年11月卸任
杨士强2012年12月上任

副主席：冯建华　顾　明

委　员：蔡懿慈女　冯建华　顾　明　胡事民
任丰原　孙茂松　汪东升　王建民
王跃宣女　徐　恪　杨广文　杨家海
杨士强　张　慧女　朱纪洪

秘　书：徐　恪

2014—2018年

主　席：杨士强

副主席：冯建华　顾　明

委　员：蔡懿慈女　胡事民　李　建　马少平
任丰原　汪东升　王建民　杨广文
杨家海　徐　恪　张　慧女　朱小燕女

秘　书：徐　恪

2018年至今

主　席：孙茂松

副主席：冯建华　顾　明

委　员：蔡懿慈女　胡事民　李　建　朱文武
任丰原　汪东升　王建民　杨广文
杨家海　徐　恪　张　慧女　朱小燕女

秘　书：李　丹

教学成果获奖项目

获奖时间	获奖项目名称	获 奖 等 级	成果完成人
2012年	培养计算思维，笃行创新实践— 计算机公共课程改革探索	北京市教学成果二等奖	郑　莉女　李　秀　乔　林 许　斌　张新钰
	“信息艺术设计”跨学科创新人才培养探索	北京市教学成果二等奖	鲁晓波　史元春女　崔保国 付志勇　徐迎庆
	计算机实践创新能力培养体系的 协同建设与示范	北京市教学成果二等奖	杨士强　李文新　马殿富　全成斌 钱丽艳女　曹庆华　赵有健
2017年	面向计算机系统能力培养的 课程体系改革	北京市教学成果一等奖	刘卫东　向　勇　李山山 张悠慧　王生原
	构建计算机学科人才国际化培养体系 促进高水平创新型人才成长	北京市教学成果一等奖	周立柱　冯建华　武永卫　陈文光 朱　军　马昱春女　戴　音女
	清华大学计算机“双实”培养生态建设	北京市教学成果二等奖	吴建平　胡事民　赵有健　冯建华 武永卫　全成斌　徐　昆　马昱春女 邬晓钧　张松海　郑宁汉　李山山

附录

精品教材

清华大学出版社发行逾10万册的计算机系教材

精品教材

获奖时间	教 材 名 称	获 奖 名 称
2009年	《C++程序设计教程》(第二版)	北京高等教育精品教材
	《计算机网络原理实验教程》	北京高等教育精品教材
	《嵌入式系统原理与应用开发》	北京高等教育精品教材
	《数据结构与算法—Java语言描述》	北京高等教育精品教材
	《Java语言程序设计》	北京高等教育精品教材
	《Java语言应用开发基础》	北京高等教育精品教材
	《数据库系统设计与原理》(第二版)	北京高等教育精品教材
	《计算机组成与结构》(第四版)	北京高等教育精品教材
2011年	《微型计算机技术及应用》(第四版) 《微型计算机技术及应用—习题实验题和综合训练题集》(第四版)	北京高等教育精品教材
	《C++程序设计基础教程》	北京高等教育精品教材
	《C++语言程序设计》(第四版)	普通高等教育精品教材
	《智能卡技术(第三版)—IC卡与RFID标签》	普通高等教育精品教材
	《计算机网络与Internet教程》	普通高等教育精品教材
2013年	《数据结构—C++语言版》(第二版)	北京高等教育精品教材
	《计算机应用基础—Windows7操作系统》	北京高等教育精品教材

清华大学出版社发行逾10万册的计算机系教材

书　名	作　者	出版日期	销量(册)
IBM PC汇编语言程序设计(第一版)	沈美明	1991.06.01	1,332,000
数据结构(第二版)	严蔚敏等	1992.06.01	1,301,000
数据结构题集(C语言版)	严蔚敏等	1992.09.01	1,250,000
PASCAL程序设计(第二版)	郑启华	1995.12.01	1,241,000
IBM PC汇编语言程序设计(第二版)	沈美明	1996.10.01	719,500
数据结构（C语言版）	严蔚敏	1997.04.01	1,393,000
计算机操作系统教程（第2版）	张尧学	1997.04.01	382,436
IBM PC汇编语言程序设计实验教程	沈美明等	1998.01.01	306,710
计算机组成与结构(第3版)	王爱英	1998.09.01	294,112
C++语言程序设计（第4版）	郑莉	1998.09.01	269,768
编译原理(第二版)	张素琴	1998.12.01	267,103
IBM PC汇编语言程序设计例题习题集	温冬婵	1999.02.01	255,071
编译原理	吕映芝	1999.07.01	228,766
数据结构（C语言版）	严蔚敏等	2000.01.01	227,550
实用软件工程(第二版)	郑人杰等	2000.08.01	199,888
微型计算机技术及应用（第3版）	戴梅萼等	2000.08.01	188,164
计算机操作系统教程（第3版）	张尧学、史美林、张高	2001.02.01	177,218
计算机图形学(第三版)	孙家广等	2001.08.01	168,377
多媒体技术基础（第2版）	林福宗	2002.09.01	157,442

续表

书　　名	作　　者	出版日期	销量(册)
PASCAL程序设计习题与选解(新编)	郑启华	2002.09.01	157,116
数据结构（C语言版）	严蔚敏	2003.08.01	152,210
计算机系统结构(第2版)	郑纬民等	2003.10.01	150,866
数据结构题集(第2版)	严蔚敏等	2005.02.01	141,509
微型计算机技术及应用（第4版）	戴梅萼、史嘉权	2006.10.01	135,266
数据结构（用面向对象方法与C++描述）	殷人昆等	2007.03.01	122,554
计算机图形学基础	唐泽圣等	2007.07.01	112,494
计算机操作系统教程（第2版）习题解答与实验指导	张尧学	2008.02.01	105,419
计算机组成与结构（第4版）	王爱英、王尔乾、蔡月茹	2010.07.01	103,528

精品课程

本科生精品课程

获奖时间	课 程 名 称	课程负责人	课 程 类 型
2009年	汇编语言程序设计	温冬婵女 张悠慧	国家精品课程
2013年	计算机语言与程序设计	徐明星	国家精品资源共享课
	计算机图形学基础	胡事民	国家精品资源共享课
	计算机系统结构	郑纬民	国家精品资源共享课
	汇编语言程序设计	温冬婵女 张悠慧	国家精品资源共享课
	面向对象的程序设计	王行言 郑　莉女 黄维通	国家精品资源共享课
2015年	系统分析与控制	刘华平	校级精品课程
	搜索引擎技术基础	刘奕群	校级精品课程
	VC++面向对象与可视化程序设计	黄维通	校级精品课程
2017年	计算机文化基础	王行言 李　秀	国家精品在线开放课程
	操作系统	向　勇 陈　渝	国家精品在线开放课程
	VC++面向对象与可视化程序设计	黄维通	国家精品在线开放课程
	java程序设计	郑　莉女	国家精品在线开放课程

研究生精品课程

获奖时间	课 程 名 称	课程负责人	课 程 类 型
2009年	计算机图形学	胡事民	校级精品课程
2010年	组合数学	马昱春女	校级精品课程
	高等计算机网络	徐　恪	校级精品课程
	算法与算法复杂性理论	武永卫	校级精品课程
2011年	计算语言学	孙茂松	校级精品课程
2012年	并行计算	杨广文	校级精品课程
2013年	无线网络和移动计算	崔　勇	校级精品课程
2016年	人机交互技术	史元春女	校级精品课程
	网络科学与策略机制	徐　恪	校级精品课程
2017年	组合数学	马昱春女	国家精品在线开放课程
	大数据平台核心技术	武永卫	国家精品在线开放课程
	组合数学与算法设计	赵　颖女 马昱春女	教育部来华留学品牌课程

科研成果获奖项目

获奖时间	获奖项目名称	校内第一完成人	获 奖 等 级
2009年	网络教育关键技术及示范工程*	史元春女	教育部科学技术进步一等奖
2010年	网络教育关键技术及示范工程*	史元春女	国家科学技术进步二等奖
	面向数字工厂设计的三维模型几何处理技术	胡事民	教育部技术发明一等奖
	计算机网络系统的随机模型与性能优化	林 闯	中国电子学会电子信息科学技术一等奖
2011年	计算机网络资源管理的随机模型与性能优化	林 闯	国家自然科学二等奖
	特征敏感的三维模型几何处理技术及应用	胡事民	国家技术发明二等奖
	无力纷争***关键技术（保密项目）	朱纪洪	教育部技术发明一等奖
2012年	无线多媒体协同通信模型及性能优化*	陆建华	国家自然科学二等奖
	面向海量用户的新型视频分发网络*	尹 浩	国家技术发明二等奖
	可视媒体几何计算的理论与方法	胡事民	教育部自然科学一等奖
	专用项目	朱纪洪	军队科技进步一等奖
	可重构柔性试验网*	徐 恪	郑州市科学技术进步特等奖
	下一代互联网4over6过渡技术及其应用	吴建平	中国通信学会科学技术一等奖
	《基于软线的IPv6过渡技术体系》等5项IETF国际标准和行业标准	崔 勇	中国通信标准化协会科学技术一等奖
	可扩展、可重构的开放式路由交换软件平台与开发环境	徐 恪	中国电子学会电子信息科学技术一等奖
	下一代互联网4over6过渡技术及其应用	吴建平	信息产业重大技术发明一等奖

续表

获奖时间	获奖项目名称	校内第一完成人	获 奖 等 级
2013年	下一代互联网4over6过渡技术及其应用	吴建平	国家技术发明二等奖
	网络计算的模式及基础理论研究	张尧学	教育部自然科学一等奖
	3D视频编码与大规模网络传输技术	孙立峰	北京市科学技术一等奖
	可重构柔性试验网*	徐 恪	河南省科学技术进步一等奖
	研究者社会网络搜索与挖掘系统（ArnetMiner）	唐 杰	中国人工智能学会吴文俊人工智能科学技术一等奖
	国际大交通运输信息智能公共服务平台	徐 华	中国物流与采购联合会科技进步一等奖
2014年	网络计算的模式及基础理论研究	张尧学	国家自然科学一等奖
	下一代网络与业务国家试验床创新技术研究及应用*	徐 恪	国家科学技术进步二等奖
	普适计算关键技术及支撑平台	史元春女	教育部科学技术进步一等奖
	国家高性能计算应用服务环境关键技术及应用*	杨广文	北京市科学技术一等奖
	基于大数据的互联网机器翻译核心技术研究及产业化*	刘 洋	中国电子学会科学技术一等奖
	面向社区共享的高可用云存储系统	郑纬民	中国电子学会电子信息科学技术一等奖
	可视媒体几何计算的理论与方法	胡事民	中国电子学会电子信息科学技术一等奖
2015年	可视媒体几何计算的理论与方法	胡事民	国家自然科学二等奖
	机载系统综合化的关键技术及装置	朱纪洪	国家技术发明二等奖
	面向社区共享的高可用云存储系统	郑纬民	国家技术发明二等奖
	普适计算软硬件关键技术与应用	史元春女	国家科学技术进步二等奖
	基于大数据的互联网机器翻译核心技术及产业化*	刘 洋	国家科学技术进步二等奖
	专用项目	王道顺	教育部高校科研成果技术发明一等奖
	群体智能支撑的互联网搜索技术及其应用	刘奕群	北京市科学技术一等奖
	视觉密码技术及其在票据防伪和视频水印中的应用	王道顺	中国电子学会电子信息科学技术一等奖
	大规模网络多媒体的感知计算理论及优化模型	朱文武	中国电子学会自然科学类科学技术一等奖

续表

获奖时间	获奖项目名称	校内第一完成人	获 奖 等 级
2015年	基于移动互联网O2O模式的物流多目标优化调度技术及应用	徐　华	中国物流与采购联合会科技发明一等奖
	面向社交网络与垂直应用的超大规模在线存储*	周悦芝	深圳市科技进步一等奖
2016年	支持服务创新的可扩展路由交换关键技术、系统及产业化应用	徐　恪	国家技术发明二等奖
	面向社交网络和垂直应用的超大规模在线存储系统及其产业化应用*	周悦芝	中国电子学会电子信息科学技术一等奖
	基于形式化方法的互联网协议测试关键技术及其应用	尹　霞女	中国电子学会电子信息科学技术一等奖
	可穿戴康复机器人关键技术及其应用*	孙富春	中国人工智能学会吴文俊人工智能科学技术一等奖
	千万核可扩展大气动力学全隐式模拟	薛　巍	“戈登·贝尔”奖
2017年	大规模多媒体的资源跨域协同计算理论方法	朱文武	教育部自然科学一等奖
	非线性地震模拟*	付昊桓	“戈登·贝尔”奖
	科技情报大数据挖掘及服务平台	唐　杰	北京市科学技术一等奖
	互联网创新与创业	崔　勇	中国高等教育学会创新创业教育分会一等奖
	实时嵌入式可信软件的组合构造和验证技术研究*	白晓颖女	中航工业集团科技进步一等奖
	贝叶斯机器学习理论与方法	朱　军	中国计算机学会自然科学一等奖
	飞天云操作系统核心技术及产业化*	武永卫	中国电子学会电子信息科学技术特等奖
	大规模街景系统及其位置服务关键技术	胡事民	中国电子学会电子信息科学技术一等奖
	物理紧耦合人机系统关键技术及其应用*	孙富春	吴文俊人工智能科技进步一等奖

注：其中带*的项目为清华大学为非第一完成单位的获奖项目

在职教职工名单

张　钹	1958年到系	在系
李三立	1958年到系	在系
蔡莲红女	1970年到系	2011年退休
温冬婵女	1970年到系	2010年退休
戴一奇	1970年到系	2012年退休
边计年	1970年到系	2011年退休
周立柱	1970年到系	2012年退休
郑纬民	1970年到系	2014年退休
汤志忠	1970年到系	2011年退休
贾培发	1970年到系	2017年逝世
余小沛女	1970年到系	2010年退休
韩明琴女	1970年到系	2009年退休
赵世霞女	1975年到系	2010年退休
徐玉华女	1975年到系	2018年逝世
魏　方	1976年到系	2009年退休
田荣牌女	1976年到系	2012年退休
汤荷美女	1977年到系	2009年退休
吴建平	1977年到系	在系
杨士强	1977年到系	2018年退休
戴梅萼女	1979年到系	2015年逝世
慕　强	1979年到系	在系
徐伟平	1983年到系	在系
杨　薇女	1983年到系	2014年退休
谢若阳女	1983年到系	2018年退休
马少平	1984年到系	在系
蔡懿慈女	1986年到系	在系
田淑珍女	1986年到系	在系
倪　兵	1986年到系	2018年逝世
郭竞宇女	1987年到系	在系
孙茂松	1988年到系	在系
赵　强	1988年到系	在系
张文杰	1990年到系	在系
艾海舟	1991年到系	在系
籍凤华	1991年到系	2012年退休
秦开怀	1992年到系	在系
史元春女	1993年到系	在系
朱小燕女	1993年到系	在系
王　宏	1993年到系	2015年退休
冯建华	1993年到系	在系
邓志东	1994年到系	在系
刘卫东	1994年到系	在系
杨泽红	1995年到系	2013年离系
刘　斌	1995年到系	在系
王小鸽女	1995年到系	2015年退休
孙晓民	1996年到系	在系
董代洁女	1997年到系	2015年退休
邓俊辉	1997年到系	在系
刘翔岩女	1997年到系	在系
胡事民	1998年到系	在系
应明生	1998年到系	在系
许　斌	1998年到系	在系
余宏亮	1998年到系	在系
向　勇	1998年到系	在系
徐明伟	1998年到系	在系
徐明星	1999年到系	2018年离系
杨广文	1999年到系	在系
毛希平女	1999年到系	2012年离系
董社勤	1999年到系	在系
都志辉	2000年到系	在系
舒继武	2000年到系	在系

朱纪洪	2000年到系	在系
林闽	2000年到系	2014年退休
尹霞女	2000年到系	在系
张小平	2000年到系	在系
宋佳兴	2000年到系	在系
黄震春	2001年到系	在系
孙富春	2001年到系	在系
金奕江	2001年到系	在系
李涓子女	2001年到系	在系
王生原	2001年到系	在系
孙延奎	2001年到系	在系
徐恪	2001年到系	在系
任丰原	2001年到系	在系
赵有健	2001年到系	在系
郑宁汉	2001年到系	在系
陈永强	2001年到系	在系
陶品	2002年到系	在系
白晓颖女	2002年到系	在系
张悠慧	2002年到系	在系
陈文光	2003年到系	在系
薛巍	2003年到系	在系
陈渝	2003年到系	在系
陶霖密	2003年到系	在系
胡金春	2003年到系	2009年离系
吴立成	2003年到系	2009年离系
李三江	2003年到系	2014年离系
张敏女	2003年到系	在系
李建民	2003年到系	在系
喻文健	2003年到系	在系
董渊	2003年到系	2012年离系
王道顺	2003年到系	在系
武永卫	2004年到系	在系
周悦芝	2004年到系	在系
孙立峰	2004年到系	在系
冯元	2004年到系	2014年离系
周强	2004年到系	在系
崔勇	2004年到系	在系
黄晓彤女	2004年到系	2011年离系
刘宁	2005年到系	2010年离系
郑莉女	2005年到系	在系
黄维通	2005年到系	在系
刘宝林	2005年到系	2013年离系
李秀女	2005年到系	在系
孟威	2005年到系	2010年离系
乔林	2005年到系	在系
安颖莲女	2005年到系	在系
姚瑞霞女	2005年到系	在系
李莉女	2005年到系	2011年离系
王建勇	2005年到系	在系
尹浩	2005年到系	2010年离系
李山山	2005年到系	在系
张鹏	2005年到系	在系
刘永进	2006年到系	在系
刘华平	2006年到系	在系
段润尧	2006年到系	2014年离系
黄民烈	2006年到系	在系
马昱春女	2006年到系	在系
唐杰	2006年到系	在系
冯铃女	2006年到系	在系
全成斌	2007年到系	在系
赵颖女	2007年到系	在系
陈康	2007年到系	在系
刘奕群	2007年到系	在系
王跃宣	2007年到系	2009年离系
姜进磊	2007年到系	在系
徐华	2007年到系	在系
宋亦旭	2007年到系	在系
张武生	2007年到系	在系
徐伟平	2007年到系	在系
林皎	2007年到系	在系
张悠慧	2008年到系	在系
张广艳	2008年到系	在系
胡美枝女	2008年到系	2009年离系
张广艳	2008年到系	在系
温江涛	2008年到系	在系
张松海	2009年到系	在系
李国良	2009年到系	在系
胡晓林	2009年到系	在系
姚海龙	2009年到系	在系
蒋屹新	2009年到系	2011年离系
李丹	2010年到系	在系
贾珈女	2010年到系	在系
丁力	2010年到系	在系
王瑀屏	2010年到系	在系
徐昆	2011年到系	在系
刘洋	2011年到系	在系
朱军	2011年到系	在系
朱文武	2011年到系	在系
张尧学	2011年到系	在系
李洪波	2011年到系	2017年离系

崔　鹏	2012年到系	在系
翟季冬	2012年到系	在系
裴　丹	2012年到系	在系
贾珂婷女	2013年到系	在系
陈　挺	2013年到系	在系
刘知远	2013年到系	在系
鲍丽薇女	2014年到系	在系
喻　纯	2014年到系	在系
苏　航	2017年到系	在系
杨　芫	2017年到系	在系
陆游游	2017年到系	在系
方　斌	2017年到系	在系
樊海宁	2017年到系	在系

目前在我系工作三年以上的非事业编人员

蔡英明	曹　鑫女	戴　音女	高玉超
郭　璇女	郝　旦女	郝海红女	胡亚林女
黄海中	贾艳芹女	黎庆文	李　静女
李晓彦女	廖觉醒女	林佳庆	刘　丹女
刘德兵	刘　静女	栾焕博	毛京园
石　琦女	宋克清女	孙金龙	孙　喆女
孙　筝女	唐　玲女	王　婷女	王宇星女
王　壮	吴　刚	谢裕元女	辛建伟女
杨　顺	杨砚梅女	余家傲女	张　慧女
钟维真女	祝　波		

清华大学对口支援青海大学计算机系系主任名单

2007—2012年：　周立柱

2012—2013年：　黄维通

2013—2016年：　史元春女

2016年至今：　陈文光

博士后进站名单

2009年： 王瑀屏　刘雪宁　张新宇　庞善臣　田立勤　贾艳明　张宇　吕品　田志民　马占国　王竹（女）　刘利　李洪波　赵康　索岳　闫海霞（女）　徐昆　邱慧军　库敏　薛瑞尼　孙国栋　王永才　包先雨　杨旭

2010年： 范勇　崔鹏　王志春　顾小卓（女）　郭益深　张化祥　闫家年　翟季冬　庞一（女）　王帅　李欣源　丁莹（女）　刘滨

2011年： 陈韬　谢俊　程彩霞（女）　尉询楷　李君（女）　方启明　郭杰　吕天阳　宋国杰　刘知远　袁雨来　李岱峰　孙竞　袁国栋　栾焕博　彭琛　由育阳　孙珂　石云飞　丁濛

2012年： 李智星　林甲灶　徐鹏志　陈亚睿（女）　师雪霖（女）　李晋江　孟坤　喻纯　陈宁（女）　曹斌　谈黎　梅佳

2013年： 曲武　金晶　万怀宇　王小飞　陈建辉　刘凯　钟远（女）　孙大为　刘永彬　阮华斌　张亮　汪漪　秦永强　刘春芳（女）　凌诚　聂婕（女）　薛宇飞　和为　汤军　章宏灿

2014年： 李焱　李建华　方斌　程华（女）　王挺　王鹏

2015年： 苏航　陆游游　张方略　杨芫　袁夏明　王向阳　尹杰　徐蕾（女）　韩文弢　刘大江　明中行　董春玲（女）

2016年： 齐立哲　戴惠辰　薛忠斌　阎栋　闫俊杰　王啸　陈锋　曾庆涛　王学伟（女）　穆大江　汪淼　王运涛　侯磊　张迪　甘霖　罗小贤　杨佳利　刘文韬

2017年： 赵伟　赵鹏　游新冬（女）　崔鸿飞（女）　马君　阎林　侯宇清　罗成　刘兆沛　匡敏驰　和阳　姚全营　吴超　王鑫　许红龙　袁莎（女）　井浩（女）　韦星星　王晓亮　王光宇（女）　汪彧之　朱晶　姚苏　周盼　梁宵月（女）

2018年： 裴昶华　赵文来　郑银河　刘昊　渠鹏　涂存超　易鑫　张宇韬　单小涵（女）　金逸飞　高孝天

本科生入学名单

2009年9月入学

计90班　24人

刘艺成　杨梦达　谢晋宇　董　博　朱靓好女
高逸涵　高　阳　贾志豪　戴元熙　何昊青
毛杰明　刘智伟　曾驭龙　傅　吴　陈广山
赵天骥　蒋译瑶女　曹　竹　贾永政　李可骞
左　斌　左　淞　刘昊承　常惠斐女

计91班　22人

程志强　康元基　王海权　刘　列　蒋生健
蔡荣杰　高学成　张兆林　徐展凯　苗旭炳
吴　优　赵锦明　丁　盼　周　勇　尹灿本
李雪松　翟　敏女　李晓东　汪浏洋　王海强
王兢喆　方子穆

计92班　27人

肖　桐　郑中翔　涂文龙　张海洋　方美媛女
张　超　宋一行　樊　航　杨旭东　李逸维
王超凡　张昆玮　朱晓伟　徐持衡　洪宇阳
车正平　蔡宏涛　漆子超　蒲浩森　褥　震
田　天　肖英婷女　王浩宇　丘骏鹏　柳春洋
毛佳昕　张东昀

计93班　28人

张靖宁　陈雅慧女　杨韡韡　闫令琪　张　超
高　伟　武　森　庄弘磊　李　巍　涂存超
李　瀚　喻　杨　方展鹏　姚国钦　庞维邦
赵　旭　张天扬　易　鑫　谭云志　王岱鑫
梁　晨　苏　宁　刘　睿　马史耀　赵　晗
王彦浩　冯　治　于皓齐女

计94班　28人

徐舒扬　郃冬哲　渠　鹏　王欣亮　洪燕辉女
朱叶霜　夏海峻　张志博　谢仲达　刘　斌
关孟翔　谭亚垒　曹炎培　李骥扬　李亦靖
艾　可　张　檬　梅诗珂　汤可因　宾行言
姜碧野　罗穗骞　骆可强　邓诗蓓女　彭吴若
薛　枫　余舟迅　刘云骜

计95班　25人

张鼎天　刘　冰　于　洋女　姜漪鹏　赵弘泽
姜慈航　黄　山　蓝　袒　汤雄超　陈虹任
金昊衡　林　恒　胡骁翔　刘　聪　石　恒
贾超翔　王　寿　孙　珏　王鹤男　张颖婕女
马积良　林　鑫　苏朔晨　张　超　陈朱伟

2010年9月入学

计00班　10人

刘天任　高伟豪　马　瑞　于雪璐　李健玮
郝天一　赵铄曜　李　孚　黄骄阳　杨　鑫

计01班　22人

吴振伟　苏志达　吕　蒙　孙丹阳　陈　曦女
丁智深　李涛泳　张沂超　赵华凯　李　东
龚　杰　李凌霄　时　洋　卢俊伟　任　超
郭　恒　龚　坤　彭达佳　武　彬　黄培恺
程陶然女　程文雪女

计02班　30人

王柱人　谢宇轩　王　钰女　乔宇宸　刘思奇
董宇茜　韩　奕女　吴博雅女　黄　剑　王国赛
葛俊翔　林　楠　王思思女　陈高远　孙伟伦
许皓宇　蒋林浩　汤汝鸣　宋文杰　金临霄
李恺威　李晓潇　郭家宝　刘艺宁　莫　涛
魏凌宇　陳逸翀　林　源　吴轶凡　范　典

计03班　29人

陈嘉慧女　陶克达夫　孙　科　张舒媚女　张浩源
郑路斌　王凝枰　秦岭月女　张　乐　李远志
贾　骉　周　琛　杨航宇　朱倩如　姜泽勋
李宇亮　陈键飞　林智慧　刘　彪　李新野
陈　烨　赵丹勇　胡沛筠　何　微　黄宁远
王　紫女　谢若冰　李　健　丁孝基

计04班　29人

何博研　张　开　孙韵佳女　麻　啸　李　丹女
沈　璠女　高　岩　马为之　林泰延　冉晨伟
敬　峡　戴文轩　王　焱　姚轩宇　陈　翱
高　阳　吴佳俊　解轶伦　潘宇超　施弘毅
陈力坤　曹　阳　陈　泽　孟来俊　张　蕾女
艾清遥　徐霜晴女　郑　耿　彭中昱

计05班　29人

张慰天　李崇轩　杨煜清　苏　舟女　邓子珣

附录

本科生入学名单

吴桂勇　田石东　李思良　宋信贤　杜　超
石　武　王正宇　汪一宁　吴　翼　陈可卿
陶羽翔　王君行　熊异雷　皮一凡　陈炜艺
林衍凯　程世文　梁　缘　孙艺瀚女　晋涵养
许欣然　莫　愁女　黄逸凌　邹林希女

2011年9月入学

计11班　20人

黄科举　范　博　张天旭　马晋超　徐子韵女
张文祥　黄福林　李伟中　黎敏讷　高　伟
曾建强　辛云星　方　阳　郑小川　刘翔宇
李　飞　沈　忱　夏园萌　康　乐　白　帅

计12班　27人

林璞臻　张晋玮　王笑尘　王钧奕女　吴玲玲女
晏　晨　余　欢　孙梦嫽女　陈子韬　邢开源
贾思博　黎静北　扈吉星　张　卓　张嘉成
方凌锐　朱定元　杨　天　梁健楠　任　杰
陈许旻　张晨晖　赵珮君　刘亚宁　史天泽
苏　宁　孙思齐女

计13班　22人

凌　肯　唐存志　陈俊男女　李　震　张宏辉
许建林　王　庆女　张道维　汤　达　钱　桥
陶文博　李其乐　任　勇　邓岚膑　周昕宇
黄　鑫　朱兆祺女　彭英勃　李　阳　宋思嘉
谭志鹏　钟　华

计14班　24人

胡思行　陈天玓　赵一开　张思浩　傅左右
陈德阳　黄雨晨　李铁峥　宋方睿　吴育昕
魏　铭　涂　珂　贾　开　夏青扬　高俊杨
武祥晋　汪忆辰女　谢福来　段明静女　黎　波
李　博　李　响　郭　城　秦　同

计15班　23人

曹宇杰　李飞峰　李东方　栾福军　张　宝
林　督　韦　嘉　石佳欣　赵相越　付　钊
王　杉　张　正　周若凡女　许昊文　巫立凡
李　振　杨大威　叶　紫女　邓佳迪　常　铖
吴　现　杨　言　申　喆女

2012年9月入学

计21班　20人

赵诚辉　安高乐女　张景哲　石道明　战裕隆
陈　刚　刘争争　孙兴法　韦福超　高志锋
周　界　丁延卓　谢雷振　王　振　戚京翔
张凯韬　杨　俊　张梦豪　马晓彬　张光耀

计22班　28人

肖汉楠　张天成　田新韬　成　昆　滕　爽女
宋佳铭　黄　杰　沈光耀　吴鹏和　徐天宇
韩慧阳　马依慧女　覃　伟　李德旺　侯银星
马　琳女　王天一　章彦恺　王呈瑞　徐圣韬
杨博文　姚宇轩　梁锡豪　闵延泽　王子寒
应杰夫　袁　源　岳士超

计23班　24人

田家申　李　雪女　朱宝玉　史佳欣　刘　鹤
胡津铭　陈伯乐　李国豪　于　佳　肖　迪
黄必胜　陆　喆女　崔　岩　郭学南　冯迭乔
鲁逸沁　谢晓晖　何蔚然　罗鸿胤　李天润
章　晔女　林子钊　党唯真　张振宁

计24班　26人

周　昊　楼华哲　陈　辉　卓有为　闫　昊
杨　元　李日灵　俞寒轩　章浚源　柯均洁女
罗富文　黄　晨　李心田　王东岳　王　昊
周圣凯　夏　雨　裘捷中　田　博　陈天昱
程　季　周琳钧　文弘毅　王　妍女　李若愚
杜　鹃女

计25班　28人

王智默　李博睿　焦雨薇女　荣　禹　路云飞
姚　鑫　董　欣女　黄李健　代文韬　矣晓沅
靳子翔　尚智伟　石伟男　马俊啸　王　轩
魏洪浩　徐　捷　赖国堃　梁　盾　梁俊邦
卢嘉铭　武　桐女　田　雨　高　越　张敬卿
丁弼原　李浩达　赵　涵

2013年9月入学

计31班　21人

刘春建　张　正　张建业　刘　峰　吴孟轩
于贵臣　许孝先　吴永宇　蔡文静女　赖涵光

刘智峰　谢云飞　王　聪　陈　冲　刘元凯
黄金帆　张承佳楠　王啸宇　李　哲　张俊祺
雷　鑫

计32班　26人

贺子松　杨青霖　顾晓韬　舒　航　王子愉
王　苏　李奕昕女　程　凯　黄世宇　李成江
李碧琛　何　轩　林婕茵女　余　翔　孟凡航
陈　璞　魏鑫鼎　陈文潇　龙浩民　陆　禹
范子豪　赵培钧　赵瑞岫　乔　奕　叶雨菲女
周建宇

计33班　29人

王笑晗女　张殿炎　王　邈　陈志鹏　黄　欢女
卢　枫　王伟任　郭　栋　何小豪　廖亦阳
吕国南　王　楠女　白家松　叶方轲　吴　铮
徐炜杰　韩　旭　徐　磊　曹科垒　王少雄
郭志芃　李宇轩　古裔正　何　乐　张宇翔
黎文杰　杜华峰　徐　涵　董豪宇

计34班　22人

马志远　施韶韵　邓志杰　姜天健　何晓楠女
刘政宁　黄　予　刘　杰　马　也　董胤蓬
桥本优　沈哲言　钱雨杰　茹逸中　龚拓宇
杨志灿　姚炫容　陈昺弘　杨晓成　马坚鑫
于墨翰　游宇铭

计35班　23人

马德锋　蒋文明　郑兆衡　熊　雄　张明瑞
吴之璟女　冯　栩　任　淼女　马志明　王　琦
高胜寒　钱迪晨　王若松　叶子鹏　谢琛睿
温　和　王梓仲　王启圣　朱新瑞　杨　明
高思达　陈雨兰女　张浩天

2014年9月入学

计41班　19人

闫吉宇　张天策　魏佳夫　束利阳　李　雪女
朱　雨女　王俊杰　李永斌　陈明豪　邢子建
秦成伟　吴行行　余凯迪　丁雄昊　付俊逸
张盛豪　甘雨田　陈伟楠　葛泽睿

计42班　32人

陆云鹤　王　栋　许晨晔女　李则言　姜伟峰
徐东亿　邹岩松　李晓涵女　吕　鑫　王欣然女
李云颢　胡润邦　冯冠宇　刘家昌　陈思琪
孙伟峻　杨天龙　靳子豪　卫翔宇　牛行知
丁清华　陈光斌　杨松涛　沈　运　陈禹东
王　倩女　殷　达　王赢绪　方　燠　许　悦
黄越钦　叶方丹

计43班　34人

魏　星　冀伟清　唐玉涵　李　娜女　黄家晖
汪潮俊　郭颖超　丁　铭　牛艺霖　王红梅女
朱　祺　马　强　徐欣彤女　程子杰　高天宇
罗　干　王子昱　雷凯翔　张　轩　许嘉诺
杨皖宁　王　威　李明杰　张椋杰　卢家睿
王致远　辛杭高　郭昉泽　高　童　徐　玥女
李凌劼　兰敏琪　李林翼　姜仲禹

计44班　30人

范佳悦女　邓伟哲　冯瑜林　董晓颖女　王奥丞
刘　弘　李　凌　黄晖榕　薛凯韬　喻明理
刘敏怡女　杜兴强　武伟轩　施海茵　顾嘉瀚
周以凡　梁泽宇　黄　斐　黄锐皓　李北辰
连鞾亨　周文卿　丁　豪　吴雨舟　程书宇
谢　磊　李玥儒　孙乾汇　李念实　叶德铭

计45班　30人

李凝云女　孟子焯　张琛昱　苏　克　童皓玥女
潘立航　徐子南　王龙涛　王晨阳　田文龙
罗琳彬女　江　天　杨凯麟　任子禹　岑宇阔
黄豪硕　胡泽聪　李成杰　白云仁　王恒志
李昊阳　陈雅正　何熙巽　段清楠　邵韵秋女
马凌峰　方晓楠　张鹿颂　侯禺凡　韦毅龙

2015年9月入学

计51班　14人

柴华君　李欣龙　金子童　金展宇　李善一
冯志奇　王士诚　石英昊　段晨鑫　张永夫
王苜子女　何　杰　陈星谷　闫力敏

计52班　29人

韩曦　徐禹生　周京汉　李一凡　封凯诺
周策　顾逸宏　王纪霆　吴启凌　何欣蔚
刘玫彤女　赵梓硕　马良秋　刘明华　沈俊贤
姜宗沛　李凌新　魏知宇　郭元晨　魏钧宇
刘攀　于纪平　宋世虹女　杨国烨　林锦坤
匡正非　杨定澄　朱佳豪　于志竟成

计53班　31人

刘辰屹　谭闻德　王润基　张慧盟女　刘熙航
王鹏宇　陈秋昊　金涛　王延森　何纬捷
方闽杰　孙圣祺　张艺杰　荣雨露　李品农
谭懿峻　黄帅　董又铭　张耀楠　戴臻旸
吴昊哲　杨跻云　何琦　徐子涵　范舒翼
罗华一　师天麾　张天扬　唐适之　李同良
李诗懿女

计54班　30人

张蒲石　王逸伦　徐鉴劲　周正平女　姚沛然
阎世宏　祝方韦　寇明阳　姚超　杨国炜
李泽龙　朱书聪　陈珣　欧阳前宇　梁宸
李忠明　秦一鉴　黄权伟　刘奇昂　陈驰
颜黛雯女　曹思奇　秦岳　徐毅　贾越凯
季智成　郑远航　骆轩源　陈胤伯　陈宇

计55班　33人

赵嘉霖　贾岳青　温婧女　朱昊　蒋金池
孔彦　徐韧喆　姚宇奇　张蔚　杨一滨
席照炜　范臻　陈闻起　彭雨翔　陈经基
李想　吴华骏　陈虹宇　左浩佳　毛亦铭
毛宇飞　王颖女　马皓然　王逸松　许翰翔
张瑞喆　张钰晖　郭隆　余欣健　邓维岱
陈星宇　张婷云女　曾雄

2016年9月入学

计61班　14人

王彪　范世奇　叶翀　潘庆霖　李子明
白人钇　刘雨琛　封斯旸　贾锐秋　牟成杰
石景宜　柳瑞阳　王禹翔　高鸿鹏

计62班　38人

廖远达　王世因　刘嘉程　赵汉卿　耿威
李根　高佳圆女　张瀚狄　徐晟　陈智康
卢睿　何凌飞　王晓智　贾明麟　黄宇飞
胡致远　李源隆　李祥凡　刘明明女　张雨轩
李宗阳　洪文浩　李翔　李岩松　吴一凡
孙云帆　施舟行　董克凡　姜志豪　李子豪
毛晗扬　张子薇女　孙桢波　王逸凡　何家傲
刘子立女　张熙林　韩东池

计63班　38人

钱彦霖　杜迦罗　柳丝雨女　李志鹏　张世航
孙亚男女　刘家硕　李俊良　杨泽海　李一鸣
许子望　李玮祺　赵浩然　段光林　谢韬
董硕华　黄冰鉴　王力　刘志强　李家惠女
冼健俊　肖朝军　李潇　王天懿　张坤
邹逍遥　汪文潇　卢政荣　钟惠兴　曾国洋
茅铭铭女　黄松皓　成逸然　康鸿博　国雨晴女
白睿轩　王润宇　阿迪力江·阿不力克木

计64班　37人

李林涵女　李文浩　徐呈寅　陈质祎　张益玮
杨本瑞　董原良　陶东来　张子熠女　郑立言
刘佳阳　计逸雄　时英天　刘云鹏　郑环宇
石雨松　李奕辰　黄可钊　隽东霖　范轩玮
梅瑞虎　侯林洋　秦笑容女　张若天　张天纵
林漓尽致　任之洲　朱晨智　娄晨耀　杨乐
杨宗瀚　王蕴韵　周聿浩　高天宇　苏明贤
朱宇翔　杨锦暄

计65班　40人

于惠然女　赵欣昊　高健　汪佳茵女　尹思程
韩迟　王展鹏　张羿翔　刘应天　曾军
王琛　丁相允　郭敬哲　孙志航　张岱墀
王艺涵女　琚锡廷　胡壮飞　尹一帆　李文凯
蔡振廷　张译仁　李映辉　赵鋆峰　张志俊
周诚驰　金策　赖金霖　任瀚林　黄天女
叶梓杰　郑少锟　陈李画奇　王元炜　孙孜伦
王起旺　阎婧雅女　黄郁翔　陈佳怡女　白雅婷女

2017年9月入学

计71班　39人

吴一非　安頔　尹凌峰　张晨　曹东珩
张育嘉　刘丰源　庞博予　叶牧心　万峰源
姚洋　庆语其　袁杰　丁皆新　余天枢
娇瑞　张程远　孙鸿斌　王亦凡　韩家琦
刘航　刘欣　龙玉凤　杨淇　王子轩
康朋　陈雅培　叶泽阳　付正　冯卓尔
孙维孝　佟禹畅女　张祎维　郑逢时　钟闰鑫
徐开元　蒋王一　韩荣　戴翼

计72班　37人

蒋林　段晓桤　陈柏玮　谈皓　高闻远
谢兴宇　权大磊　刘光哲　张颖　程佳文
牛骁　马天翼　马川　赵博文　隋唯一
田卓钰　魏家栋　计泽坤　刘潇　邹振华
李晨昊　卢华昊　杨智涵　张雨潇　陈嘉杰
郭丛林　马语蝶　王子奇　孙文厚　孙骏博
李岱轩　张旭睿　陈颖女　金旭扬　赵瑞林女
龚睿　瞿凡

计73班　36人

林俊峰　马文畅　王雨田　何仲凯　邢健开
赵亮　寇煜杭　陈旭　张宇　施韵
袁加熠　王欣然女　马世和　于是　张可真
陈文龙　李文博　周炫柏　方言　张博伦
郑林楷　潘俊臣　崔子麟　石浩然　康慨
王焱　秦李昂　王雷捷　李家昊　宋政钦
陈浩展　陈海天　陈敬哲　郭佳兴　屠铭浩
董玥江女

计74班　43人

于宸锴　董昊文　唐天映　李星遥　闵梓轩
辜俊儒　竺涵林　林晓恩　徐良钦　张嘉睿
顾掀宇　王子涵　梁念宁　曹鼎原　陈晓宇
宛玉茹　张小健　袁嘉伟　侯振宇　司徒轩
李啸宇　金叶　李文哲　沈翘楚　胡锦毅
李罂珩　王荻　李俊良　李振宇　沈铭远
宋浩轩　陈WEI泽　陈匡华　陈张萌女　陈果
周辛宁　禹含　桂尚彤　顾清雯女　徐尚青
傅舟涛　温佳鑫　蔡沛东

计75班　34人

王征翊　杨晨　赵成钢　张子键　罗峻骁
穆皓远　汪乐平　袁宇韬　胡翰文　袁子淇
常然　姜雨欣　顾煜贤　涂轶翔　刘文达
齐强　徐天宇　曾正　范仁昊　李岳霖
刘畅　邱翊君　李琪斌　郭元博　殷翊文
吴佳仪　刘熇明　孙世坤　李阳崑　李冠达
杨淏宁　郑勋　郭诚　樊若雨

计76班　34人

张子禾　樊德阳　陈之杨　周子栋　李嘉尧
周耘硕　王聿中　徐天行　王西平　章志宇
吴玥仪　刘晓义　沈诣博　韩之雄　吕传承
韩志磊　常佳庆　马昕宇　俞宸　马仕镕
陈熠豪　田涵宇　千英卓　王泓鉴　石大川
龙行明　张翔　陆俊逸　陈小雪女　周煜威
郑惜元女　唐誌聪　黄滟雯女　彭皓

2018年9月入学

计81班　30人

肖光烜　白雨石　邹恬圆女　闫璐　叶盛
尹昊萱　奚靖沣　崔熙振　姚星丞　卢星宇
汤昊　严宇康　岳阳　申焱天　汤思奥
黄歆尧女　杨宇翔　吴明恒　包涵　梁迪轩
戴咏雅女　王璇女　刘昀　陈雨翔　黄励新
蔡承泽　严韫洲　胥嘉政　王星皓　郭汇盈女

计82班　25人

王瑞康　刘子昂　秦潇　何昕雨女　郭航
张辰逸　徐豪辰　孙昭言　蔡思捷　范文祥
江烽源　马思源　郑凯文　刘畅女　刘妮琦女
赵奕辰　文思源　张纪元　唐皓泓　付周杰
李蜀鹃女　尤艺霖　杨睿潇　韩子沛　卢颐临

计83班　29人

王天睿　李祥泽　白钰卓女　李子昂　谢云桐
刘云昊　张行健　郭世广　周乾睿　邱可玥女
郭峥岩　李沅霖　谢恩泽　李芷冰女　付柏韬
王高源　杜国豪　肖易佳　吕元翔　范小龙
高华健　何雨泽　姜淳誉　堵君懿　张运生
杨耀良　朱书琦　潘志超女　卫俊锋

计84班　28人

乐　阳	张瀚天	肖雅迪女	黄　烁	黄翘楚
项晓宁	张鹤潇	吴凭飞	黄　翰	黄昱炜
乔阳阳	石蔚雨	张一彭	曾千洋	陈源涌
杜晨熙女	彭浩洋	曾子豪	李苑楠女	肖　悦
罗时弘	侯博镡	杨卓毅	宋泽宇	于　剑
洪文逸女	张一南	许　滕		

计85班　25人

王一诺	张紫昭	张亦弛	吕　天	张雪莹女
蔡严正	张思源	杨见珂	李永威	严子淳
戴傲初	张一凡	刘恃雷	王浩宇	高真懿
李煜宸	张　延	柴文健	马文煊	童子铨
彭心林女	蒋志林	冯俊博	张庶杰	张昊泽

计86班　25人

孟圣哲	魏　彤	李好雨	朱天遥女	潘　皤
李　响	任　一	方科杰	李俊杰	石智超
张泽华	刘雪怡女	卢梦莹女	段惠文	梁文杰
张家友	吴国昊	冯　江	和杨粱	姜有耿
周恩贤	王问涵	徐　懿	陈博涵	崔竣博

硕士研究生入学名单

2009年　183人

伍广宁　吴扬　白音　张宇　徐伟　高涛
李迪　徐亦达　李霖枫　彭辉　翟琰　高弘扬
阎珅　王爱明　舒鹏　华婷女　李小浩　周炳
胡静　汪明　何健　孟涛　刘瑞霖　张文博
陈胜　梁国强　李晓群　陈俊　陈诚　邹衡
敖健常　孙科武女　魏超　李孟涵　杨乐　郝恩楠女
叶润生　闫兴龙　刘柳女　李彦洁女　潘震皓　王秋平
沈一峰　黄刚　汤立　田洪亮　万伟　胡启平
王妙一女　王乃峥　许君　陈丽欧女　唐晨　秦邱川
李靖　吴晨俊　黄晓东　谢睿　杨子　郭旭峰
夏欢　汪汀　郭毅　杨峰　赵杨阳　张鹤
黄崇迪　孙洲　李玉山　赵云鹏　麦晓云女　缪钧玮
祁仲冬　钱自强　刘松　孙紫雷　田钊　徐博林
赵哲　张一天　杜旭东　林宗犀　赖剑冰　赵星
张腾　王帅国　詹同宇　郭晓林　罗森　忻海
陈振华　王弘毅　金石飞　韩超　张志超　谢丽星女
张章女　周勇禄　竺昱　郑超　薛疑　李泰盛
赵倩女　宋顺强　王晓慧女　屠展　于亚鹏　方绍全
姜宁　马振　蒲旭　王侃　廖珺　阎栋
阮杨杨女　王海琪女　冉彤　张春燕女　朱龙云　贺可强
罗曦女　曾富涔　许肖威　李毅　吴继宽　程康
路璐　张瑶女　田野　孟畅　关欣女　韩翰
褚涛　刘亚楠　庞辉　李冉　张金　王洋
金洪伟　袁乐爽女　华贵斌　杨成旭　丁帅　郭宇光
王珺　刘元康　李成　汤启明　付万宇　王鑫
李春辉　张宏　沈彬彬　马尚　张兵　李明
孙江宇　李佐渭　闫昭博　马小莉女　黄泽　丘建平
陈巍　周文硕　黄振　钟小武　王新民　李轲
田力　尹家鸣　李鑫　马志彪　钟昱　夏格
刘迪女　李建波　肖云妹女　周烨　刘文杰　徐阳
张扬　王超　张超

工程硕士　109人

谢裕元女　刘洁女　刘敬晗女　魏伟女　王志成女　林素芬女
李翠菊女　黄亚萍女　顾莉女　许乐静女　刘晓华女　张晶女
林晶晶女　柳慧敏女　丰新秋女　杨明　陈亮　俞培源
余捷　李利　杨军　许华　王振业　费耀
孙景峰　乔雷　罗显华　陈宏　赵权　朱华楠
何均宏　曾维义　汤云飞　冷冰　李志敏　袁振州
祝泽庆　陈军　于震华　唐巍　马皓　林烨
方延风　刘强　陈波　王锋　彭茂荣　鲁国栋
孙明东　曾代才　李文海　徐鑫磊　沈岩松　张国辉
林广志　张升玺　刘一杰　沈学弟　孙宏　吴健平
李杨彭　李诺　雷升涛　钟咏涛　杨瑞瑞　蔡云峰
许洁平　裴旭东　任英杰　吴维　娄健　钟诚
赵光达　闫金柱　陈克　蒲子孟　叶奇鑫　莫敏吉
李化常　赵亮　张玺辉　潘历友　范兴　邓昕才
周国华　王霄　王耀辉　孙清阁　林晓凌　唐海
于闯　陈方平　周成　张伟　任广明　王栗冬
顾景超　王映东　宋庆春　袁俊　李凌　蔡凯
白利彬　邓斌　宋毅　郑志刚　黄庆华　李天博
罗伟

2010年　155人

冯琳　董莉女　李叠　吴冬　马远超　陈小虎
祝美祺　何瑞宁　何禹　焦若丹女　张新业　周沫
蔡飞飞　袁源　刘晓清　赵冬　石伟力　游小光
牛镇　袁明艺　刘莹女　王为　李丹丹女　张弢帅
张颐哲　惠涵　王璨　翟匡亚　陈锴　汤泽
唐文斌　黄骁飞　徐阳　李军　高旸　孔祥欣
马楠　赵威　白易元　赵炯　许丹青女　蒋叶
姚婷女　张昕宇　尹斐然　石江枫　薛志　林建立
田业　廖春鹏　龚宬　张文涛　徐骏　王云龙
汪文灿　刘渊　马里千　杨文君　姚峻阁　姚佳成
刘刚　姜晓伟　李慧岷　周一鸣　陶浩雄　王俊俊女
王鹏　任宏达　叶丰　肖佩瑶女　张璐女　彭成
王宇翔　何行舟　李琦女　林柳先　牛少锋　王宽
李韬　杨晨　江建博　张晨光　夏双　林曦
于文轩　张楠　李淼　袁翀　郭潇宇　任晶磊
袁扣林　顾颖媛女　谢澎涛　魏兵　郭文静女　吴竑
李德虎　张玲波　刘健　田榆鹏　扈煜女　刘奇
严润晨　仓馥芝　张海生　刘文旺　林杰　赵林
杜斌　赵国鹏　梁建波　王令刚　倪振宙　林立
骆建东　周元彬　吕晓鸥女　杜雨航　朱恩信　罗佳
吕广华　刘丁　晏阳海　刘拓　徐翀　李治恒
徐彦斌　徐华玮　陈树勇　郭乃豪　杨卓宁　崔跃生
甘元科　李湘锋　王姝女　时春雨　董亚锋　王蕾
武宗涛　韩化冰　韩威　李铭晖　郑树琳　许艳军
王晓欢　黄静女　吕志阳　黄维篁女　赖乾　陈昊
张帆　王欢　侯清铧　黄冬虹　刘青伟

工程硕士　23人

郝杰　陈灿　扈红柯　李春荣　戴超　许宏峰

陈 轩　孟显耀　郭 佳　白彩霞女　张俊彬
陈金元　姜 涛　严 奇　陈 骞　吴双桥
邹政华　万立志　黄 竟　程 龙　胡宏扬
张 赛　梁尚立

2011年　127人

聂慧饶　孟大威　刘玉龙　吴之豪　邹寅隆
李贞强　谈鉴锋　王振钊　邢 勇　王志刚
伍 云　王 玮女　米志安　杨 允女　刘庆昱
张 军　周宇峰　肖克来提　瞿 贻　郑 鑫
杜朝辉　罗健明　唐家渝　利锦标　杨 沐
姜昌浩　王正昕　李潭澈　尹 斐　侯季春
匡 冲　霍纬乾　欧明栋　杨义繁　徐 鑫
马 骁　舒 然　杨 昊　赵宇航女　刘雨辰
朱昌磊　秦凯捷　张远洋　杨 坤　卢玉清
孙新华　高 源女　蒋文俊　林会杰　王太红
周 辰　翁哲明　李雅哲女　宫明营　邱 晗
汤茂杰　范文良　吴 韬　胡 倩　魏腾鹏
吴 敏　王 欣　徐 晨　刘之方　曾令男
张 旭　金 桥　胡澜涛　蒋 元　杨 全
王 维　汪 浩　高 健　马鹏斐　何 巍
白 杨　张 强　曹一溪　文海龙　王英侨
张永锋　苏 宸　向 武　龚云飞　骆 欢
杨 昉　冯 时　王齐双　邬龙飞　王梓桐
张姗珊女　任 竹女　邓 栋　高丕红女　范云涛
薛志辉　王晓岩女　刘虎球　孙鲁敬　季 佳女
崔 健　林海卓　丁瑶玲女　王加冕　程 宽
陈 果　张雨萌　李爱真女　马 坤女　楚娅萍女
郭晓菲女　周雪峰　杨 斐　杨 磊　季献纳
赵英川　杨剑锋　陈 琛　金 涛　文叙菠
董 锐　汤卫东　郑 毅　赵志勇　菲 娜女
尼克拉　张氏秋怀女

2012年　125人

徐 磊　刘云辉　王 津　陈 雄　顾 扬女
王 勃　李 奇　王雨田　谢 缘　阮志健
文思强　孙 龙　吴 超　赵 朝　黄 煌
涂 畅　杨继磊　李家云　朴 勇　赵 坤
徐 镇　杨 弋　胡 骏　李 莉女　吴育昊女
王 莲女　钱 诚　张海翔　霍 帅　刘 弈
王靖易　范钰超女　张傲南　刘永起　李 昕
刘 超　王健飞　张金凯　裴昶华　彭瑾玥女
马谱皓　胡雪峰　周端奇　李志杰　朱文雷
施文铭　吴裔慧女　白林亭　李左锋　尹龑燊
韩 磊　吕子鉷　李沐洋　王宏伟　蒋挺宇
姜 禹　高 超　徐阳彤　张 超　韩 伟
沈 彤　渠 准　刘佳阳　刘一诚　庄名洲
刘俊杰　陆星虎　周 全　赵洲洋　张艳秋女
吴锡欣　文 曦女　张美庆　陈 雯女　余逸荣
陈泽佳　尤 洋　朱涵青女　马道宽　张宇超女
王加玉　赵奇可　唐 邵　赵振伟　陈 展女
郝泳霖　梁亚雄　谭 维　张 程　甄 凯
成 立　余记伍　张宪军　谢旭涛　王一飞
周 恒　南 蔚　刘晓光　郑焕群　张惠尹
张 舟　苏志华　庄清海　姚济博　宋东宇
唐 军　江 雪女　曲 亮　李乐毅　辛 朋
扈彩艳女　屠兆旭　冯立新　阮 聪　董梅平
刘 岩　程 煜　张懋生　赵国栋　刘 洋
温 斌　郭 旭　石 颖女　罗辅其　郑晓峰

工程硕士　18人

潘 波　贺菊华　林霞红女　肖煜东　张一驰
臧 潇　李阳光　肖仙妮女　刘 璐女　邵 超
罗雪峰　刘 朋　龚淑琴女　宋朝兵　王程鹏
吴文箴　宋金梦　张江迪

2013年　128人

王 彬　来延涛　马玉昆　高 木　田 勇
贾 乘　赵慧铭　郭翔宇　毛亚鹏　黄 军
郑 伟　刘邦天　许信辉　吕 璨　郭金马
张爱民　赵宗义　武永基　段鹏飞　许利宁
张奇龙　郝玉恒　刘泽阳　杨 宏　郤冬哲
刘惠明　马积良　姜慈航　宾行言　关孟翔
王欣亮　林 恒　戴祎程　于 洋女　阮深沉
喻 杨　郑中翔　朱晓伟　洪宇阳　方展鹏
陈朱伟　张 超　褥 震　谢仲达　谭云志
王 晶　姜漪鹏　陈宇聪　柳春洋　洪燕辉女
姜 飞　易 鑫　田 天　谢欣恺　高时超
沈秉文　褚 阳　臧昱达　陈 硕　靳梦瑶女
付 迪女　陈聪捷　俞承驰　肖庆阳　刘庆芳女
杨豪琳女　赵 晟　贾一洋女　聂晓辉　刘胜超
吴广辉　徐 鲲　胡家威　陈启庚　于海波女
唐烨明　田二芳女　白家驹　王鹤男　王 寿
刘芳冰女　于泉杰　闫阳辉　张 珂　唐金艺

周乐女　张侃　刘文杰　夏安青　张秀龙
张帆　黄嘉雯女　黄山　李明洋女　纪静女
胡春波　郭翔　石蕊女　谈军科　梁艳女
刘东一　齐雯佳女　孟捷　于劼　周世铭
弓世民　李萌　卢青韬　李昕　邱波
刘云女　史婷婷女　左棋　闫冠宇　肖东祥
程光女　张雨佳女　马坤女　崔丽娟女　刘本兰女
张莉莉女　董戈女　刘微女　党若木　余艺女
邓袁　向东方　卿协晗

工程硕士　108人

甘斌　朱超　张海洋　郭盛　王振龙
兰新宇　李卓　张佶平　蒋浩　姬少铭
吕祺　徐加跃　谭亚垒　王方鑫　张扬军
何剑　周超　王勇　田丙华　林川
王兆星　王志坚　左大伟　王晓晖　杨江兵
陈晨　孙永亮　陈明　劳天　陈嵩
蒋勇　梁培　万玉晴女　闫超　林涛
王振龙　夏良　张鹏飞　党宏蕾　张继杰
程宏博　杨同鹏　李祖铭　姜冲　岳晓阳
程宁　孟宪聪　王平　杨一民　李伟佳
董文宇　王巍巍　刘奇　王天涯　郭云飞
乔许亮　王宇鹏　曹彬　夏钧波　韦有富
蒋亮杰　宁飞　曹守玺　高磊　麻鑫
何桃　朱鹏飞　刘阳　陈土其　郭煜
刘玄　黄涛　吕博　李联峰　张楠
杨明　吕品　郭红纲　张皓磊　巨鹏飞
张耿　黄志俊　刘卫东　朱全红　袁虎声
黄震　游震春　孙国峰　李金彦　吴刚
黄瑞锋　黄锦枝　朱天伟　张德雷　刘子隆
李国磊　王辉　赵舰　章晋强　刘秉力
杜鹏程　王昊　郑吉　何旭东　贺俊铭
孔庆春　陈宝旺　高玉超

2014年　157人

刘新光　骆晓徽　吴城文　徐小斌　潘亮铭
乔天　唐耀东　庞春辉　马飞龙　秦雄军
王浩达　李佳　刘昊　王伟　梁嘉骏
卢艺帆　何艺　徐哲钊　姚昕　胡战
刘少博　肖一凡　陈泽　程世文　黄宁远
敬峡　李恺威　刘炜　刘艺宁　乔宇宸
秦岭月女　王钰女　吴桂勇　许皓宇　杨航宇
于雪璐女　郑耿　姜智文　李思良　陈翱
陈可卿　陈烨　丁孝基　范典　葛俊翔
黄剑　黄耀　蒋林浩　刘彪　刘思奇
沈璠女　吴博雅女　鲜于海舒　谢若冰　许欣然
张舒媚女　周骁聪　曹睿东　陈曦　付瑶女
何林　黄昱恺　桑小康　王博　张婷女
阎一萍女　吕勤　张妍女　陈哲毅　李翔
王慧颖女　陈艳毓女　徐圆梦女　尚书　俞荟
杨松霖　刘加贺　焦凤先　冯丽婷女　刘玉利
袁冰洋　李一临　罗旭东　张红　张文蕾女
贲腾　桂杰　黄莹女　姜楠　李旭平女
邵帅　唐帅　王超　王宇城　魏伟女
吴垠　肖海毅　胥鹿　杨清华　叶鹏飞
曾开胜　都涛　孙移盛　杨帆女　苗菁华
黄超峰　刘博　覃杰　汪志伟　翟研梅女
邹鲁　王耀　宋晓虎　黎军　丁旭
陈国龙　高冰洁女　郭继敏女　谢永青　张晗
王洁如　闫生辉　袁亮　李心星　张欣欣女
李旭　程磊根　王正　毛晓曦　郑靖
郑正　张研　邱鑫　王首一　曾铖淋
张启龙　付鹏　张家远　邹定南　唐松
王志成女　吴振未　李亨通　陈嘉慧女　郭尧
王柱人　吉军　李林川　李天翔　令瑞林
魏乐业　周伟浩　周颖敏女　姜奕祺　徐子函
梁倬俭　宋信贤

工程硕士　69人

耿纪兴　刘雷　姚豪俊　吴禄裕　李勇
张之宇　夏玮女　李建敏　王健峰　陈娟娟女
徐楠　刘跃　丁丁　兰飞　沈志成
李达　冉建祥　李英席　陈义飞　刘育升
赵明君　董金荣女　张瑞　常志强　臧传兴
温飞　李健　贺晶晶女　邓涛　马扬
周聪　金德军　张晓林　陈善根　白希峰
朱红梅女　杨阳　陈雷　刘睿彤女　张家学
李欣女　杨超　罗志雄　陈愚　李志刚
李兆伟　王振国　梁亮　郭世纯　班纪月女
刘剑蓉　陈红生　汪寒雨　张京　李庆德
包楠　蔡宏　孙雷　李飞　王涛
陈浩　于洪　郭钊　邵亮　朱宁
赵臣　楚乔　周永军　吴淑良

2015年　135人

邓理睿　闫明　邹磊　贺星伟　刘斌
惠轶群　李朝阳　王洪磊　任思远　李开宇
周钇驰　洪驰　徐名刘　许鸿民　许哲
李海斌　刘屿川　刘沛　孟廉　张优扬
陈福清　回新宁女　胡媛女　陈玉松　张少峰
罗晶　刘浪　刘虎　刘亚宁　孙思齐女
王庆女　段明静女　秦同　李东方　王威
王豪杰　闫家宝　翁剑平　戴柠薇女　秦睿女
刘煜堃　谭勇　闪英迪　张飞　张赫女
孙阳　王江　张克尧　戴聪　黄薇女
马秀林女　张云女　王吉磊　张晋玮　王笑尘
王钧奕女　吴玲玲女　梁健楠　韦嘉　章放
翁学平　鲁盼　张菡女　李亮亮　王海权
晏晨　张嘉成　赵珮君　苏宁　钱桥
李其乐　谭志鹏　赵一开　郭城　申喆女
江云涛　萧子豪　蓝翔　邓志会　顾江劭
吴陈铭　汪浏洋　蔡荣杰　翟敏女　黎静北
张苗女　马宁宁　黎健成　陈春辉　元东
韩秀萍女　李秉峻　杨大力　程洲　朱志杰
吴成磊　贾阳初　余年革　朱国伟　王翔翔
王敏轩　林之冠　范权　宋紫嫣女　汪仁贵
马习　张锐　刘阳　杨春林　梁楠女
朱里　陈子韬　陈天玓　傅左右　黄雨晨
林督　冯博　张靖女　温颖　朱紫薇女
陈熠祺女　陈杨女　朱洁女　任青姝女　杨超
葛志诚　孙晓梅女　张立冬　汪鼎民　闫瑞波
唐庆涛　杨辉　赵莉婷女　张道维　夏青扬

工程硕士　33人

徐燕女　胡晓迪　张柯　徐丁　怀淮女
白少伟　张敏　虞高峰　张露　刘爽女
章兴康　徐嘉骏　孙继绿　刘振　吴一凡
刘永亮　金志虎　李育群　陈雷杰　张娟女
刘秋尘　赵震　陶麟　张然　朱剑
张岳　褚伟　刘旭　谭磊　邓迟
苑学成　申德周　何书照

2016年　104人

黄培恺　龚坤　辛云星　孙丹阳　武彬
吴利女　邹源　钟安润　李春雷　黄梓灿
吴瑞　颜建昊　李云萧　李良盛　谭崎
周昌平　都文文女　邱嘉铭　刘少朋　康跃馨
张珑女　刘阳　卢泓宇　王木　彭秋辰
李泽平　汤慧赟女　胡成豪　夏武　涂威
芦伟　马锐　史征　林子钏　吴松芮女
李睿　黄如沁女　张肖女　余雅君女　李志涛
耿金坤　王竹凡　汪晨欣女　彭诗语女　周子超
王龙华　许平　马晓彬　刘争争　战裕隆
刘鹤　朱宝玉　侯银星　覃伟　刘栋
郭立鹏　步佳昊　武博阳　曹波　裴中煜
夏鑫　袁海涛　赵亦峰　鲁源泉　刘天毅
李曈　李秀星　钟华松　陈振寰　张杰
漆毅　李浩达　王妍女　马琳女　杨玉基
潘寅旭　范若琛　汪洋　陈吕劼　袁艺天女
张帆　欧阳雯琪女　李瑞龙　吴雨培　袁泰凌
张泽浩　丁延卓　石伟男　矣晓沅　代文韬
董欣女　李博睿　楼华哲　梁锡豪　杨博文
马依慧女　沈光耀　吴健　孟昕悦女　苏伟杰
孟宪妤女　施鸿源　吕学宽　趙冠勳

工程硕士　140人

贲有成　王哲　王鑫穆　王帅　付皓
潘康　吴航昊　李育文　艾硕　杜耀
姚文兵　梁甲琛　杨帅　韩旭旺　刘璐女
李浩翔　幸叶利女　庄园　谭智豪　韦俊琳
童明凯　石泽军　翁杨　吴昊　张怀选
姚瑶　邹晓悦女　孟琦女　罗宁奇　杨光
吴珺女　陈秋良　韩金新　苗园莉女　许知涯
姜惠友　徐怡枭　沈彬　张晓桐女　毛绍光
陈望　谢仁杰　何欣女　张扬　王子寒
徐天宇　成昆　夏曾华　刘凌瑜女　叶雪原
徐春伟　段思佳女　刘长宇　杨和雨　张记永
曹喜东　张一驰　江斌　胡晓迪　杨宇来
李乐琦　刘东慧　徐自杰　胡琨　杨勋姮女
高飞　曲薇女　宫武辰　刘智博女　吴锡
苏薇女　李子峻　李震　陈岗　宗雪女
高臻　赵恒旭　刘垒　田婧女　易凌辉
高哲　张雁玲女　赵少杰　彭鹏　张进炎
周园园女　李晓锋　高原女　任鼎　张天龙
路杨　张五航　李以斌　张宁女　胡佳
董昊泽　张少杰　吴小佩女　陈升军　谈毅
孙自武　杨萌萌　王彦女　郭熹　李炳良
何阳　张金金女　李江　梁利强　赵岳

王晓琳女　王泷德　高润智　陈　乐　姜　博
李佳佳女　葛学元　肖　功　谷　雨女　彭　晖
林小坚　彭　坚　余素萍女　王　飞　张　斌
雷安良　宫　越女　冯高洁　顾海如　曹　喆
张　璜　颜　峰　苏　畅　刘文军　赵　宇
陈加彪　郑久怡女　吴代烜女　徐泉玉　李祥禄

2017年　68人

张　奥　刘艺华　赖亚卿　刘亚东　何均懿
刘阳光　刘　喆　刘景财　林　敏女　马　跃
潘祖江　王　峰　周俊生　张尧钦　曾海天
陈浩然　刘乃熙　张镭镧　李伟中　李　飞
沈　忱　李　振　李智涛　王　邈　白家松
张宇翔　龚拓宇　杨思雨女　陈志鹏　王梓仲
蒋文明　董豪宇　吴永宇　刘智峰　李　骁
袁　瑾　于　恒　姬雪枫　廖钊坡　王子豪
李成江　何小豪　杨俊晔　王　岩　马坚鑫
马　也　刘梦旸　郭志芃　杨晓成　黄　予
杨青霖　刘翰潮　李岳桥女　郑玉昆　蔡文静女
刘逸凡　刘　峰　张冠华女　林廷恩　周庚乾
赖彦谕　李竑升　邵英玮　陈彦肇　陳品銓
连君翰　苏旻姿女　黄天驰

工程硕士　47人

蒋藜薇女　张馨如女　陈学铄　武　鑫　刘　昊
周舒雨　陈祥麟　杨　征　张　坤　周　江
伍锡勋　戴　伟　王祉翔　施　诚　卢　辉
代东洋　何　凯　周慧敏女　汪　杨　曾　睿
郭太安　姚胜胜　董延龙　祝轲轲　张殿炎
王子愉　马志明　朱新瑞　易　坤　张建业
赖涵光　项熙艳女　彭震东　户建坤　柴霁萌女
李璐萱女　张智超　胡　君　刘良琪女　向兴春女
陈　雪女　胡玉明　徐子涵女　李浩然　郭蕴哲
宋奇阳　石婉欣女

2018年　103人

陈　刚　周　界　王　振　张凯韬　杨　俊
梁文杰　安泰来　吕林坤　赵　旭　田文魁
于　帆　孙伟博　陈润发　温清华　常文泰
罗佳祺　张　威　蔡诗宇　杨　欢　黄钧琦女
余文梦　张　腾　李璜华　刘艺源　白云仁
侯禺凡　李念实　李晓涵女　王恒志　岑宇阔
罗　干　王　轲　殷　达　陈晓松　陈禹东
杜家驹　高　童　雷凯翔　李　健　李玥儒
武伟轩　杨清山　钟皓曦　刘旭阳　朱　福
于济凡　王　耀　黄柄惠女　吴佳成　曹梓杭
陈　睿　陈　佩　骆昱宇　周冠宇　林詠清
颜嘉辰　蔡馨仪女　蔡淙崴

工程硕士　51人

朱博弘　陈　斌　黄尚川　黄　海　张宇为
张文杰女　毛科龙　崔延宣　蔡　雄　李　鑫
叶连金　谢家旺　徐晨宁　柏　杨　郭　宇
赖训齐　凌思通　赵飞鸿　吕志亨　梁翔宇
李丰廷　郭嘉伟　严浩鹏　黄晖榕　姜伟峰
王　栋　冯　岩　郭颖美女　欧阳植昊　贺子昊
刘旋恺　阳佳城　张泽宇　李　博　吴思凡女
章　鹏女　丁强刚　江祖铭　郝天博　赵博文
魏　萌女　李自然　林子博　袁晨曦女　吕咸斌
卞　天　黄　河　石佳妍女　蔡佳音女　苏　斌
馮志斌

博士研究生入学名单

2009年　90人

张晓露女　袁源　付清朝　易乐天　赵勋
李艳华　侯可佳女　钟睿铖　张长中　陈光
李杰　郑明　胡光武　姚姜源　王森
李福亮　梁锦津　胡伟栋　邢千里　陈飞
杨建磊　李鹏　刘力为　唐国瑜女　张陈昊
金明　杨春　熊雄　胡珀　秦利静女
马冬哲　张磊　徐文昌　周力普　张子木
汪漪　潘恬　丁建伟　夏创业　李城龙
石伟　廖学良　赵鹏　杜松沛　高林
张方略　刘巍　周进怡　商云飞　蒋长林
杨术　明中行　刘圣卓　阮华斌　季颖生
耿益锋　张诚　司宾强　付强　和阳
孔祥震　李寅　黄霁崴　陆游游　罗象宏
邵宇　萧伟　张昕女　朱敏女　沈蒙
蒋万春　卢勇　崔纪锋　蒋运韫女　徐丹
冯涛　姚广　卢正才　赵凤飞　沈玮
丁丹　王军　李义萍女　孔守斌　戚兰兰女
何雯女　扈维　刘浩　万瑞杰　杨东方

2010年　93人

徐旻捷　季剑秋　谢凌曦　张文浩　牟帅
王前　刘嘉祥　吴陈沭　姜宇　祝铭
吴丹　孙文琦女　张宝宝　蒋朦　张康
梁斌　张昊辰　曹建勋　邓超　赵宇
曹翀女　杜宇宁　徐聪　王琳琳女　夏默
罗建　朱星玮　房磊　刘思彤女　倪佳才
张知瞰　刘杰　张庭　戴惠辰　张君
朱笑尘　神克乐　应圣钢　江凌波　马超
李先颖　尹杰　任博　黄石生　杨芜
刘骁　吴诺　沙烨锋　张超　杨佳利
姚敏　傅颖勋　沈志荣　罗敏楠女　刘贺语
程鹏　刘大鹏　侯磊　高歌　彭艺
刘明亮　王优　蒋小可　袁文　吴成钢
冯伟　王胤　刘为夷女　赵芸伟女　白东霞女
章俊　董譞　张迪　贾子骁　徐涛
冯真　杨仝　董扬威　王羽　张志远
许士博　张鸿斌　姚龙　赵玉东　王占业
魏敏女　祝林　马剑　黄敏女　韩晓广

胡庆成　丁鲲　文坤

2011年　96人

张涛　林恒　郭维超　甘霖　胡勇　王博
陈宇澍　李锐喆　王博　韩文弢　苏茂萌　王丽婧女
欧佳欣　范捷　陈厚武　朱晶　赵玮　付永红女
辛勤　王子玉　王于丁　卢建元　武昊　陈蒙
张媛媛女　赵勇　胡杰　苏文博　田源　耿海军
钟宜峰　刘昕　朱亮　薛超　蒙金莉女　侯蒙
张娇女　隋楷心女　李兆耕　朱树永　范琪琳女　乔波
刘思平　刘鑫吉　逯彦博　林梓佳　张华枫　张宇来
龙明盛　裴继升　刘聪　胡卉芪　石刚　杨洋
兰超　冯欢女　张伟　赵靓女　冯剑红女　李胜男女
单来祥　汪淼　朱哲　张文鹏　郭旭峰　王侃
阎栋　王晓慧女　陆洋　宋海川　贾小涛　祁仲冬
虞志刚　张清天　王超　陈新雄　别凡虎　王军
赵立女　屠守中　王振扬　安利峰　张婉鑫女　尹航
郭迪女　杨倩文女　王运涛　杨强　刘少伟　刘毅
卜鹏洋　孙蕾女　穆太江　赵文来　吴艳楠女　孙丰

2012年　84人

袁源　陈蓓女　李巍　沈弼龙　丁楠女　高品
张朝昆　江卓　刘莉莉女　庞峥元　余林韵　张辉女
罗成　于乃通　吴泽坤　刘伟平　沈世奇　刘家骅
张国波　杨洋　凌晓　范淼　郭华源　肖寒
李立女　于明鹤女　肖奇学　茅俊杰　刘亚霄　谷育龙
刘晓龙　黎阳　高原女　白小龙　李浩　黄浩智
刘峥　廖俊峰　徐世真　匡敏驰　陈莹女　田庚
李文全　薛景安女　程舒晗　罗圣美　曹乐乐　黄文炳
王晓亮　苏辉　李孟涵　李彤　刘晓兰女　缪懋
解辉　孙永谦　张静女　胡琳梅女　唐乐乐　张峰
张圣林　田洪亮　高凯　宋健　肖诗汉　朱涛江
章明星　胡文　尹建华　张旭　许春旭　薛媛媛女
冯卓楠　金力　周炳　任胜韦　王旭　王秋睿
宛考　刘金钊　吴超　方宇剑　山博　王松涛

2013年　89人

胡文波　李居政　任晶磊　季旭　张程　王磊
郭迎亚女　唐翯祎　刘聪　张天扬　毛佳昕　王晨光

王钦　阿雅娜女　涂存超　张檬　尚冲
李晨曦　李蓝天　张启振　冯珺女　塔娜女
郝爽女　朱叶霜　姚远　杨国润　邵艾然
马里千　杜朝辉　刘虎球　严枭　刘斌
曹炎培　杨涛　董恩焕　何东标　郑为杰
胡爽　程志强　梁磊　马骁女　张晗
林海卓　胡庆达　张佳程　陈建军　刘畅
李子巍　瞿贻　谢靖　单丹枫　陈果
王少清　张江涛　曹艺馨　渠鹏　汤雄超
陈信欢　吴承辉　王雪岩女　唐俊　赖泽祺
艾智远　马茗女　丁瑶玲女　程宽　李峰
董加卿　韩矞　张宇韬　刘钢利　李琦
张煜　温子煜　方美媛女　姜丽丽女　何聪辉
陈金元　郝杰　宁义双　臧承熙　王岱鑫
韩威　张新钰　李爽女　赵凯传　王巨宏女
钟晨女　靖小伟

2014年　82人

闵旭　杜超　李崇轩　卓靖炜　李夏青
吴侃　杨珂　张凯　杨增印　李丽姗女
徐安民　樊丽华女　林会杰　况琨　张永锋
马为之　林衍凯　杨成　韩光星　崔文凯
李道义　王业全　庄严　邓栋　孙科
董黎明　张乐　王诗瑶女　王佩琪女　周立
吴育昊女　杨晟　梁缘　陈志鹏　李连登
彭达佳　郭恒　方佳瑞　王吴凡　张普珩
李文焯　姜泽勋　杨坤　张文昌　孔涛
张宇超女　吴波　汤汝鸣　张彤女　程文雪女
裴昶华　王志刚　郑祯　贾溢豪　张钧驰女
陈池女　孙晨　刘强　鄂金龙　李雪女
庞海天　冉晨伟　郝泳霖　刘佳阳　尤启迪
余旻婧女　王凝枰　黄景女　唐敏豪　徐敬蘅
贾许亚　王奕森　戴涛　林智慧　杨煜清
刘畅　陈键飞　欧明栋　赵建辉　殷嘉伦
陶克达夫　张海涛

2015年　87人

王宇龙　张世枫　罗予岑女　郭润　李亚慧女
张晓丽女　郑智隆　陈许旻　郝斌　李昕

曹宇杰　张正　陈慧敏女　庄子杰　周建宇
周曼桐女　许潇　柴成亮　易鑫　阎裕康
邹立新　鹿红超　张楚文　邱朋飞　白家驹
吴现　胥森哲　蔡俊雄　唐震　曹家浩
史恒　程艳青　杨赟杰　杨言　王海博
毛海宇女　杜昆　谭川奇　徐磊　舒然
钱坤　聂晓辉　吕志远　金海龙　季宇
俞博文　廖百健　刘保君　许杰　赵康智
张岱　吴文岩　杨振杰　缪葱葱　丁一峰
刘梦醒　付希明　喻杨　郑中翔　邹光南
高琴　焦立博　康路　张晨晖　谷嘉文
李峻峰　孙洁　黄珊女　李佳维　李润楠
任勇　石佳欣　朱定元　涂珂　于圣泽
常铖　刘平　许昊文　李冰　高伟
张文祥　吴蒙蒙　奉雨娟女　沈游人　李雄峰
管刚　陈德训

2016年　82人

闵延泽　许堃　杨皓　张世泽　程阳
周琳钧　谢晓晖　王晶女　刘正皓　陈龙
孙晓晴女　程星亮　周昊　熊袁鹏　李元丙
张腾翔　鲁逸沁　万颖　蔡尚铭　李日灵
梁盾　卢嘉铭　耿男　韦福超　王钊
于少霖　闫星辉　赵宗义　刘胜超　陈游旻
胡江鲲　陈星曼　荆明轩　吕亮　赵乙
张华健　陈科帆　孟晴开　苏亚　史佳欣
费翔　黄建强　朱晓伟　宋明烨　孟伟彬
王欣亮　张梦豪　周禹　王浩屹　党唯真
江逸敏　马腾　姚鑫　刘宁　查聪
易冉女　裘捷中　郭碧川　夏江月女　孙佶
王昊　钟臻　沈耿彪　张蕾女　吴栋贤
郑卓彬　王伟　田天　邹昊晟　李佳莲女
张子威　路云飞　李国豪　孟媛女　马明华
王鲲鹏　薛崇　刘玉明　李长山　侯英女
吕慶輝　林景辉

2017年　103人

邓志杰　桥本优　胡展豪　林耘森箫　王砚舒
吴之璟女　邱童　岂凡超　俞荟　柯沛

附录

博士研究生入学名单

国际生入学名单

秦雪迪女　古裔正　杨志灿　徐文佺　王启圣
江云涛　刘政宁　仝美涵女　李江　陈浩
张国强　李宇轩　张赛特　罗东琦　王苏
廖晓坚　杨帆　张一铭女　王一凯　郭岗
徐松松　王博　骆晓徽　包涵女　李之涵
刘宝巨　于庆洋　刘侃　葛林成　冯栩
杨明　陈冲　施韶韵　李恺威　刘凯鑫
田冰女　甄艳洁女　王莫为　李楚鸣　李泽清
宦成颖　张睿霄　崔越今　刘鹤　吴陈铭
叶子鹏　王洪燕女　余银峰　冯文政　张帆进女
张慧君女　曹檑　何乐　张俊祺　徐炜杰
李祥圣　李吉生　陈馨瑶女　余翔　赵天宇
王帅　刘天峰　周素平女　闫茜宇女　陈斌
陈雨兰女　高端　董胤蓬　茹逸中　庞天宇
刘月女　姚炫容　蒋继研　付梓焱　李秋实
沈哲言　金煜阳　陈文潇　赵能文女　戴文颖女
任峰　陈起　刘晓鸿　黄世宇　韩旭
黄轩成　洪志伟　王小川　马强　邢德奎
莫尧平女　王舒可

2018年　121人

曹焕琦　陈佳女　陈嘉敏女　陈蔚瀚　程书宇
邓理睿　丁铭　丁宁　杜鑫乐　段续光
方晓楠　冯冠宇　冯学伟　冯勇　付松涛
付钰女　高凯辉　高英华　巩毅琛　顾江劭
顾玥女　韩义恒　何玥　胡旭强　黄斐
黄家晖　冀伟清　姜天洋　靳子豪　李昊阳

李开宇　李磊　李凌劼　李明杰　李凝云女
李啸宇　李彦余　李阳昊　李亿渊　李则言
梁浩宇　刘涵　刘钊　刘子欣　吕鑫
马强　马少楠　马一丰　牛艺霖　潘立航
钱晨　闪英迪　邵韵秋女　沈天成　石伟男
苏克　谭思楠　唐楚峰　田莹女　汪庆
王焯　王晨阳　王豪杰　王硕　王鑫
王勇　王子逸　王子昱　魏超　吴成磊
吴至婧女　谢磊　谢雨洋　辛杭高　许陈成女
杨超　杨松涛　杨者　姚远　叶德铭
袁泰凌　苑斌杰　翟建旺　张佳女　张嘉成
张少魁　张翔　张轩　赵妍女　周文卿
周钇驰　周子恒　朱祺　朱耀宇　邹昊
邹旭　左旭彤女　边超　陈亮　陈岩
褚学森　都政　黄琰　季新生　康乐
李东海　李竹　刘淮松　刘屹洲　卢树强
马如悦　邵华　王昀　张淮　张鹏
何竞择　何熊文　刘正尧　辜弘炀　黄安琪女
沈国晔

国际生入学名单

2009年	17人	
金旻俊	韩国	
罗载文	韩国	
沈昊平	美国	
刘宇中	西班牙	
申智秀	韩国	
杜海伦女	美国	
李贤燮	韩国	
金宰允女	韩国	
张太重	韩国	
韩多贤	韩国	
俞旻锡	韩国	
李志健	韩国	硕研
张兴善	韩国	硕研
柳埭哲	韩国	硕研
徐文源	法国	硕研
文森特	法国	硕研
艾力龙	挪威	博研

2010年	16人	
李百恩	美国	
陆知焕	韩国	
金泰佑	韩国	
朴昌宣	韩国	
宋德源女	韩国	
孟　泽	缅甸	硕研
阮黎进正	越南	硕研
文　太	津巴布韦	硕研
玛丽安女	约旦	硕研
许华松	印度尼西亚	硕研
顾晓帆	美国	硕研
万余果	法国	硕研
苏拉乌	尼泊尔	硕研
余宽隆	法国	硕研
瓦萨姆	巴基斯坦	博研
贾　芒	巴基斯坦	博研

2011年	16人	
哈　伦	巴巴多斯	
吴忠日	朝鲜	
赵容奭	韩国	硕研
费　伦	法国	硕研
蔡完锡	韩国	硕研
郑　千	澳大利亚	硕研
阿　伦	墨西哥	硕研
代　明	法国	硕研
林　宁	印度	硕研
达　米	法国	硕研
张氏秋怀女	越南	硕研
菲　娜女	印度尼西亚	硕研
孙银海	泰国	硕研
尼古拉斯	英国	硕研
阿哈迈德	也门	硕研
爱　里	伊朗	硕研

2012年	26人	
金贤林	朝鲜	
韩刘成	朝鲜	
金忠民	朝鲜	
金嘉宇	巴西	
甄显安女	美国	
李载隆	韩国	
金兑炯	韩国	
金益准	韩国	硕研
袁博志	波黑	硕研
革家象	泰国	硕研
印泰镇	韩国	硕研
钟东来	斐济	硕研
米可菲女	美国	硕研
吴　早	英国	硕研
吴亦颖女	马来西亚	硕研
小幡正博	日本	硕研
安　南	土库曼斯坦	硕研
古　杰	法国	硕研
赖炳金	印度尼西亚	硕研
心　玛女	巴基斯坦	硕研
林明士	法国	硕研
魏凌峰	美国	硕研
阿　达	巴基斯坦	博研
阿　桑	伊朗	博研
穆拉德	摩洛哥	博研
张兴善	韩国	博研

2013年	16人	
李云龙	韩国	
温家尊	马来西亚	
瑞江明	孟加拉国	硕研
李　飞	法国	硕研
娜菲莎女	伊朗	硕研
务　西女	伊朗	硕研
海　洋	印度	硕研
何　飞	法国	硕研
阿利舍尔	俄罗斯联邦	硕研
周　发	喀麦隆	硕研
付雷德	法国	硕研
朱光照	加拿大	硕研
李　墨	德国	硕研
白　舜	法国	硕研
迈　克	丹麦	硕研
阿　里	伊朗	博研
金　山	韩国	博研
爱　里	伊朗	博研

2014年	18人	
麦　烤	菲律宾	
金亨陈	韩国	
姜东槿	韩国	
戴一露	法国	硕研
安奈威	孟加拉国	硕研
法帝玛女	伊朗	硕研
尤瑟夫	利比亚	硕研
王晨隆	加拿大	硕研
马克西姆	法国	硕研
勤　力	巴基斯坦	硕研
李海腾	加拿大	硕研
王艾米女	美国	硕研
泰　潘	泰国	硕研
钟东来	斐济	博研
吴亦颖女	马来西亚	博研
阿哈迈德	也门	博研
毛　哲	巴基斯坦	博研
坦维尔	孟加拉国	博研

附录

国际生入学名单

2015年　19人

姓名	国家	类别
高信龙一	日本	
李睿燮	韩国	
邴冠文	美国	
罗文	法国	硕研
盖比	法国	硕研
克雷蒙	英国	硕研
马家杰	尼泊尔	硕研
李亦德	巴基斯坦	硕研
奥玛	墨西哥	硕研
古赛文	法国	硕研
尹新德	俄罗斯联邦	硕研
安达	法国	硕研
谢凯琨	新西兰	硕研
寇林海	巴西	硕研
朴东奎	韩国	硕研
江智慧女	巴基斯坦	博研
巴斯	巴基斯坦	博研
赛义德	巴基斯坦	博研
阿利舍尔	俄罗斯联邦	博研

2016年　30人

姓名	国家	类别
全勇河	韩国	
陈嘉佑	马来西亚	
金在源	韩国	
金镇书	韩国	
张于峰	柬埔寨	硕研
庄子琪	巴西	硕研
凯文	法国	硕研
黄前峰	法国	硕研
郑德有女	法国	硕研
马雨萱女	哈萨克斯坦	硕研
沙珂	伊朗	硕研
汉森	巴基斯坦	硕研
苏拉女	吉尔吉斯斯坦	硕研
丘华轩	孟加拉国	硕研
林逸帆	印度尼西亚	硕研
杜尚成	美国	硕研
朴芮女	伊朗	硕研
哈妮女	印度	硕研
罗一阳	俄罗斯联邦	硕研
崔瑜罗女	韩国	硕研
王云	法国	硕研
一介	法国	硕研
黄一凡	法国	硕研
许安	法国	硕研
迈克	法国	硕研
唐穆	加拿大	硕研
科凡	以色列	硕研
呼兰	巴基斯坦	硕研
徐天然	加拿大	博研
潘捷	美国	博研

2017年　30人

姓名	国家	类别
常晟	日本	
陈凯文	美国	
陈育凯	新加坡	
陈昱霏女	美国	
成镇宇	韩国	
程传杰	美国	
高瑞璟女	韩国	
黄茹忆女	马来西亚	
李帝虎	韩国	
李正航	马来西亚	
林志儒	泰国	
毛岸麟	加拿大	
毛瑞新女	美国	
齐藤文美吉	日本	
史若水	马来西亚	
杨单	老挝	
叶凯锋	美国	
余欣歌	加拿大	
张李牛牛	美国	
朱凯文	美国	
郭伟健	马来西亚	硕研
伊朵拉女	法国	硕研
雷画意女	法国	硕研
金欧飞	法国	硕研
石南洋	印度	硕研
顾荣轩	荷兰	硕研
瑞特斯	立陶宛	硕研
昂哈尔	哈萨克斯坦	硕研
张有情	法国	硕研
马潇	法国	硕研
艾米乐	法国	硕研
杨润轩	加拿大	硕研
瓦哈布	苏丹	硕研
乔心	美国	硕研
奥德玛女	蒙古	硕研
毛福德	澳大利亚	硕研
沙曼	巴基斯坦	硕研
石熊	冰岛	硕研
丁志云	法国	硕研
潘杰明	美国	硕研
陈八昆	泰国	硕研
谢凯琨	新西兰	博研
瓦卡尔	巴基斯坦	博研
美拉女	哈萨克斯坦	博研
阿德南	巴基斯坦	博研
阿里	哈萨克斯坦	博研
冯鹜鹜	加拿大	博研

2018年　51人

姓名	国家	类别
罗雨诗女	美国	
丘雨涵女	澳大利亚	
崔义元女	韩国	
张舒丹	澳大利亚	
金翰煜	韩国	
侯轩	保加利亚	
覃逸成	美国	
邱家诚	加拿大	
王昊天	哈萨克斯坦	
艾理	哈萨克斯坦	
朱丽景女	美国	
卢苏瑞	美国	
吴柔利女	韩国	
唐建正	美国	

Vieira Portela, Math	巴西	硕研
Keurti, Hamza	摩洛哥	硕研
Garamvoelgyi, Peter	匈牙利	硕研
Zaiter Trinidad, Fed	乌拉圭	硕研
Ergenzinger, Eduard	德国	硕研
Lang, Nicolas Joseph	法国	硕研
马　来	法国	硕研
Huurman, Constantijn	荷兰	硕研
Dupont, Louis, Jules	法国	硕研
Minor, Austin Chase	美国	硕研
Cosentino, Justin Th	美国	硕研
徐　凝	法国	硕研
Fikireyohannes, Eske	埃塞俄比亚	硕研
Eteffa, Kalkidan Fek	埃塞俄比亚	硕研
Ansong, Samuel	加纳	硕研
姚宇卿	法国	硕研
Ortega Valencia, Osv	墨西哥	硕研
穆罕默德·奥斯曼	巴基斯坦	硕研
宋宥德	新西兰	硕研
帕维尔·德米特里耶夫	俄罗斯联邦	硕研
张乃夫	新加坡	硕研
Jafarzadeh, Hamed	伊朗	硕研
麦　烤	菲律宾	硕研
张奕麟	加拿大	硕研
Hedia, Mohamed Laid	突尼斯	硕研
Allamel, Enguerrand	法国	硕研
Buffat, Bertrand Pie	法国	硕研
Couverchel, Vincent	法国	硕研
Toivanen, Joonas Art	芬兰	硕研
Guillotte, Martin, M	法国	硕研
杨思思	法国	硕研
Mira Vijay Shah	新加坡	硕研
Shrestha, Pranita	尼泊尔	硕研
Assavasangthong, Vor	泰国	硕研
Tatyana Seledkin Van	新加坡	硕研
Smetanin, Sergey	俄罗斯联邦	博研
施嘉睿	英国	博研

教职工及毕业生人数统计表

时间（年）	教职工（在职）			学生（人）						
	总数	其中		本专科（毕业人数）	硕士生（授学位人数）		博士生（授学位人数）	其中留学生（毕业人数）		
		教授	副教授		工学	工程		本	硕	博
2009	126	37	57	170	186	100	65	8	5	1
2010	125	38	56	169	177	101	80	4	9	2
2011	122	38	53	158	124	82	68	12	14	0
2012	122	38	50	141	148	84	67	2	15	4
2013	123	41	49	134	152	148	66	8	13	3
2014	120	41	49	131	143	62	83	7	10	5
2015	116	40	47	118	123	73	97	1	12	4
2016	116	40	48	144	100	98	84	4	24	2
2017	120	43	62	125	114	93	77	2	7	0
2018	119	44	49	166	117	59	82	1	19	0
合计				1456	1384	900	769	49	128	21

班级主任名单

2009级

级主任：刘华平
计90班：张松海
计91班：刘华平
计92班：胡晓林
计93班：姜进磊
计94班：赵　颖女　蒋屹新
计95班：王海霞女

2010级

级主任：乔　林
计00班：陈　震
计01班：乔　林
计02班：余宏亮
计03班：宋佳兴
计04班：李　丹
计05班：姚海龙

2011级

级主任：谌卫军
计11班：谌卫军
计12班：丁　力
计13班：马昱春女
计14班：宋亦旭
计15班：徐　昆

2012级

级主任：刘　洋
计21班：刘　洋
计22班：朱文武
计23班：于红波女
计24班：王瑀屏
计25班：李洪波

2013级

级主任：邓俊辉
计31班：邓俊辉
计32班：张广艳
计33班：贾珂婷女
计34班：朱　军
计35班：邬晓钧

2014级

级主任：陈文光
计41班：陈文光
计42班：裴　丹
计43班：李山山
计44班：崔　勇
计45班：崔　鹏

2015级

级主任：刘卫东
计51班：刘卫东
计52班：张松海　胡事民
计53班：黄民烈
计54班：董社勤
计55班：胡晓林

2016级

级主任：杨士强
计61班：杨士强
计62班：陈永强
计63班：赵有健
计64班：冯建华
计65班：白晓颖女

2017级

级主任：徐　恪
计71班：徐　恪
计72班：马昱春女
计73班：翟季冬
计74班：邬晓钧
计75班：张　敏女
计76班：刘　洋

2018级

级主任：邓俊辉
计81班：姚海龙
计82班：李山山
计83班：苏　航
计84班：王瑀屏
计85班：陆游游
计86班：邓俊辉

学生思想政治辅导员名单

姓名	上岗时间	职务
刘奕群	2006－2011	学生组长
侯晓明	2006－2009	2006级辅导员
刘知远	2008－2011	党建辅导员
	2011－2015	学生组长
韦翯钰	2007－2009	分团委书记
张凤妍女	2007－2009	2006级辅导员
苗银军	2007－2009	2007级辅导员
	2009－2010	分团委书记
蓝晏翔	2007－2009	2005级辅导员
余慧佳女	2007－2010	2007级辅导员
李梓阳	2007－2010	系学生会辅导员
岑荣伟	2007－2010	2004级、2006级国防生辅导员
尚世锋	2007－2011	2005级、2007级国防生辅导员
周　博	2008－2009	2005级辅导员
韩文弢	2008－2010	2005级、2006级、2009级计算机科学实验班辅导员
	2010－2012	分团委书记
	2016－	学生组长
王　鹏	2008－2011	2007级、2008级、2010级计算机科学实验班辅导员
朱　彤	2008－2011	2008级辅导员
韩　军	2008－2012	2008级辅导员
邢千里	2009－2010	学生会辅导员
	2011－2012	2008级辅导员
薛宇飞	2009－2011	2006级、2007级辅导员
	2012－2013	宣传中心辅导员
李孟涵	2009－2014	2006级、2010级国防班辅导员
郝恩楠女	2009－2011	2007级辅导员
李　鹏	2009－2011	2009级辅导员
	2011－2013	党建辅导员

姓名	上岗时间	职务
李　靖	2009–2012	2009级辅导员
田　源	2009–2013	2008级、2012级国防班辅导员
邓益平	2009–2013	2009级国防班辅导员
胡伟栋	2009–2010	科协辅导员
仓馥芝	2010–2012	2010级辅导员
	2012–2013	分团委书记
陈朝松	2010–2013	2010级辅导员
陶浩雄	2010–2012	2009级、2011级计算机科学实验班辅导员
姚　婷女	2010–2013	科协辅导员
任宏达	2010–2011	学生会辅导员
	2012–2013	2009级辅导员
龚　宬	2011–2013	2009级辅导员
许丹青女	2011–2013	2011级辅导员
马鹏斐	2011–2014	2011级辅导员
曹建勋	2011–2016	2011级、2012级国防班
顾钊铨	2011–2015	2008级、2010级、2011级计算机科学实验班辅导员
张　越	2012–2014	2010级辅导员
匡　冲	2012–2014	2012级辅导员
霍　帅	2012–2013	2012级辅导员
	2013–2015	党建辅导员
罗　成	2012–2013	学生会辅导员
	2013–2014	分团委书记
	2015–2016	学生组长
李　莉女	2013–2014	2010级辅导员
谭云志	2013–2015	2011级辅导员
张天扬	2013–2016	2012级辅导员
王鹤男	2013–2015	2013级辅导员
	2015–2016	党建辅导员
洪燕辉女	2013–2016	2013级辅导员
徐　镇	2013–2015	2012级国防班辅导员

姓 名	上岗时间	职 务
薛 超	2013—2017	2013级国防班辅导员
吴裔慧女	2013—2014	科协辅导员
张 蕾女	2014—2015	分团委书记
范琪琳女	2014—2015	2011级辅导员
韩 奕女	2014—2017	2012级、2013级辅导员
马为之	2014—2015	2014级辅导员
	2015—2017	分团委书记
乔宇宸	2014—2016	2014级辅导员
	2016—2017	党建辅导员
黎 军	2014—2017	2014级国防班辅导员
杨煜清	2014—2018	学术辅导员
陈可卿	2014—2017	科协辅导员
王钧奕女	2015—2018	2014级辅导员
蔡荣杰	2015—2018	2015级辅导员
王 庆女	2015—2018	2015级辅导员
程志强	2015—	2015级国防班辅导员
梁健楠	2016—2017	2013级辅导员
沈光耀	2016—	2014级辅导员
谢晓晖	2016—2017	2016级辅导员
	2017—2018	分团委书记
杨 皓	2016—2017	2016级辅导员

姓 名	上岗时间	职 务
郑玉昆	2016—2017	2016级国防班辅导员
李雪松	2017—	党建辅导员
吴永宇	2017—2018	2014级国防班辅导员
	2018—	2015级辅导员
马 也	2017—	2016级辅导员
沈天成	2017—	2016级辅导员
沈 忱	2017—	2016级国防班辅导员
郭志芃	2017—2018	2017级辅导员
	2018—	分团委书记
吴之璟女	2017—	2017级辅导员
杨 明	2017—	2017级辅导员
韩 旭	2017—	科协辅导员
陈许旻	2016—2018	算协辅导员
	2018—	2015级辅导员
李晓涵女	2018—	2018级辅导员
李玥儒女	2018—	2018级辅导员
王晨阳	2018—	2018级辅导员
余 翔	2018—	学术辅导员
白云仁	2018—	算协辅导员
陈雅正	2018—	国际学生工作助理

研究生工作组组长及德育工作助理名单

研究生工作组组长

陶 品	2005年1月－2009年1月	张广艳	2009年1月－2011年7月
贾 珈女	2011年7月－2015年1月	刘知远	2015年1月－2018年3月
易 鑫	2018年3月－至今		

研究生工作助理

2009年：	张广艳	李国良	杨 欣女	许春聪	孔祥震	宋晓明女	侯 珏	陈治佳	赵燕妮女
	杜佳洋	刘 娟女	曹媛媛女	孙明敏	杜雨阳	陈 振	范 丹女	张天乐	袁雨来
	张 申	兴军亮	张宏涛	杨 博	缪钧玮	张凌毅	毛凯懋	范 举	王 凯
	胡文辉	徐德强	谢学智	刘 巍					
2010年：	张广艳	李国良	杨 欣女	刘冰洋	孔祥震	侯 珏	郭旭峰	陈治佳	曾荣飞
	杜佳洋	刘 娟女	孙科武女	刘文杰	孙明敏	蒋运韫女	杜雨阳	缪钧玮	范 丹女
	丁建伟	袁雨来	兴军亮	扈 维	缪钧玮	褚 涛	范 举	王健楠	王 凯
	薛海伟	徐德强	谢学智	刘 巍	徐华玮				
2011年：	张广艳	贾 珈女	李国良	刘冰洋	孔祥震	沈 蒙	王 侃	魏 兵	郭旭峰
	缪钧玮	曾荣飞	赵凤飞	孙科武女	刘文杰	曹 翀女	唐家渝	蒋运韫女	蒋 朦
	张晨光	丁建伟	杜佳洋	扈 维	胡宏扬	褚 涛	王 璨	王健楠	黄维篁女
	薛海伟	田榆鹏	刘 巍	徐华玮	江凌波	田洪亮			
2012年：	贾 珈女	李国良	瞿季冬	王 侃	姚 敏	唐家渝	张 庭	杨 全	吴育昊女
	蒋 朦	胡宏扬	田洪亮	杜宇宁	张晨光	王晓慧女	丁建伟	冯 时	王运涛
	王 璨	邓 栋	田榆鹏	徐华玮	江凌波	冉 彤	谈鉴锋	张 超	缪钧玮
2013年：	贾 珈女	瞿季冬	王 侃	姚 敏	丁瑶玲女	唐家渝	朱昌磊	范琪琳女	兰 超
	陈 雯女	张 庭	杜宇宁	王晓慧女	李胜男女	王振钊	王运涛	张 超	文 曦女
	宋振华	凌 晓	谈鉴峰	王加玉	李 昕	辛 勤	邓 栋	丁建伟	胡宏扬
	田榆鹏	王 璨	吴育昊女	杨 全	张昊辰				
2014年：	翟季冬	崔 鹏	喻 纯	姚 敏	丁瑶玲女	朱昌磊	张昊辰	张宇超女	陈 雯女
	臧昱达	王晨光	刘贺语	丁 楠女	王晓慧女	李 莉女	李胜男女	陆思羽女	王运涛
	文 曦女	于明鹤女	凌 晓	张 程	王加玉	陈启庚	李 昕	辛 勤	范琪琳女
	兰 超	王振钊	易 鑫						
2015年：	刘知远	喻 纯	姚 敏	赵凯传	丁瑶玲女	吕 勤	张昊辰	王晨光	张宇超女
	胡 爽	陈 雯女	臧昱达	易 鑫	徐安民	于明鹤女	刘贺语	杨豪琳女	丁 楠女
	徐敬蘅	李 莉女	王岱鑫	李胜男女	陆思羽女	方佳瑞	马飞龙	文 曦女	王业全
	陈信欢	张 程	陈启庚	吴育昊女	辛 勤	李 昕			
2016年：	刘知远	喻 纯	赵凯传	吕 勤	张 菡女	王晨光	胥森哲	胡 爽	徐敬蘅
	徐安民	于明鹤女	陈慧敏女	邓理睿	陈信欢	易 鑫	王洪磊	王岱鑫	况 琨
	张嘉成	李胜男女	方佳瑞	王 江	马飞龙	徐名刘	王业全	李亮亮	张 程
	吴育昊女	王运涛	辛 勤	胡 媛女	杨豪琳女				
2017年：	刘知远	喻 纯	吕 勤	张 菡女	刘正皓	李春雷	胥森哲	吴陈铭	徐敬蘅
	王洪磊	陈慧敏女	邓理睿	战裕隆	孙晓晴女	陈信欢	易 鑫	李秀星	况 琨
	张嘉成	李胜男女	王 江	马晓彬	徐名刘	赵凯传	王业全	李亮亮	徐安民

吴育昊女　白家驹　王运涛　辛　勤

2018年：易　鑫　刘正皓　田　冰女　吴陈铭　王洪磊　胥森哲　黄如沁女　赵康智　徐安民
李秀星　徐敬蘅　战裕隆　马晓彬　赵凯传　陈慧敏女　李亮亮　颜建昊　孙晓晴女
孙　晨　白家驹　王运涛　李道义　钟安润

教育及教学工作获奖

市级及以上荣誉称号

2009年　北京市高等学校教学名师奖　郑纬民
2010年　北京市师德先进个人　杨士强
2012年　北京市高等学校教学名师奖　杨士强
2013年　北京市青年教师教学基本功比赛一等奖　马昱春女

清华大学新百年教学成就奖获奖名单

2017年：邓俊辉

清华大学“良师益友”名单

2010年：马少平　艾海舟
2012年：吴建平　冯建华
2014年：杨广文
2016年：杨士强
2018年：孙茂松

清韵烛光——清华大学“我最喜爱的教师”名单

2008年：吴文虎　谌卫军
2010年：张小平　郑　莉女
2012年：徐明星
2014年：邓俊辉

清华大学刘冰奖名单

2015年：刘奕群
2016年：张小平
2017年：温江涛

清华大学林枫辅导员奖名单

1999年：许　斌
2000年：邓俊辉
2002年：张小平　董社勤
2006年：徐明星
2008年：刘奕群
2012年：刘知远
2013年：贾　珈女　李孟涵
2015年：罗　成
2017年：韩文弢　马为之

教职工先进集体、先进工作者及校优秀共产党员名单

市级及以上荣誉称号

2010年	首都十大教育新闻人物	吴建平
2011年	CCF杰出贡献奖	清华大学计算机系
2013年	北京市教育工会先进职工之家	计算机系分工会
2014年	北京市模范职工小家	计算机系分工会
2016年	北京市“三八”红旗奖章荣誉称号	史元春女
2016年	全国优秀科技工作者	孙茂松
2016年	全国优秀科技工作者	王小云女
2016年	北京市“首都市民学习之星”	孙茂松
2016年	中国科学年度新闻人物	杨广文
2017年	全国创新争先奖	吴建平
2017年	全国创新争先奖	王小云女
2018年	全国模范职工小家	计算机系分工会

校先进集体

2012年：人机交互与媒体集成研究所
2013年：计算机网络技术研究所
2015年：高性能计算研究所
2016年：高性能计算研究中心
2017年：下一代互联网团队

校先进工作者

2009年：张　钹　　林　闯
2010年：杨士强　　周立柱
2011年：林　闯　　唐　杰
2012年：朱纪洪　　徐明伟
2013年：胡事民　　尹　霞女
2014年：王　宏　　史元春女
2015年：马少平　　翟季冬
2016年：薛　巍　　徐　恪
2017年：李国良　　赵有健

校优秀共产党员

2010年：张　钹　　杨士强
2013年：史元春女
2015年：许　斌
2017年：刘卫东

清华大学特等奖学金获得者名单

2012年	方展鹏	
2013年	赵华凯	
2015年	矣晓沅	田天
2017年	沈天成	

清华大学计算机系钟士模奖学金获得者名单

1991年	杜波	王前炯	那日松	邸烁		
1992年	刘伟	丁磊	张旭	尹霞女	陈立宇	
1993年	江晓晔	谢宏	张星	阮露女	谢峰	范晓忻
	姜永彤	唐文治女	丁大鹏			
1994年	吴昭	杨庆	蓝钢	边启勇	张晓兵	罗江斌
	唐文治女	张力涵	潘海量女	刘光迪		
1995年	慕岩	郝宇	郑浩强	裴丹	潘丽女	张晓兵
	陈威	刘芳女	何飞女	王啸		
1996年	王和新	武晓海	王昱	许开新	高治国	王晓玉女
	赵涛	鲁爱东女	程银河女	黄海昆		
1997年	黄辉	赵刚	杜宇	景风		
1998年	张继勇	李申杰	林远舟	毛昀	李卓远	
2001年	张媛女	韩丹女	李闽溟	崔丹丹女	李皓瑛女	
2005年	郭松柳					
2012年	王健楠	王智	徐寅生			
2013年	王凝枰	张宏辉	宋佳铭	张君	林梓佳	龙明盛
2014年	史天泽	李铁铮	岳士超	霍帅	姜宇	
2015年	章彦恺	董胤蓬	马坚鑫	侯博	任晶磊	刘泽阳
2016年	董胤蓬	王赢绪	吕勤	陈蓓女		
2017年	沈天成	黄家晖	易鑫	张帆		

清华大学本科优秀、优良毕业生名单

优秀毕业生

2009年：　任　恺　朱海一女　李　鹏
2010年：　唐文斌　谭宸浩　姚　婷女
2011年：　顾荣辉　王　超　王雪至女
2012年：　肖汉骏　方宇剑　赵　宇
2013年：　方展鹏　庄弘磊　贾超翔
2014年：　赵华凯　王凝枰　高　阳
2015年：　李铁峥　张宏辉
2016年：　宋佳铭　岳士超　徐　捷
2017年：　董胤蓬　沈哲言
2018年：　沈天成　黄家晖　李北辰

优良毕业生

2009年：　张　旋　戴振龙　魏　冉　冯晓君　王　棽　汤　洋　余　雷　缪钧玮　薛天帆　王　篪
杜松沛　吴晨俊　吴　越　王　璐　忻　海
2010年：　徐旻捷　杨　炼　张晨光　靳岩钦　许丹青女　王　璨　武若冰　陶浩雄　尹　杰　蒋　朦
张伟达　曾红飞　刘　阳　曹建勋
2011年：　仇荣琦　陈先捷　李宇骞　刘之方　谢　超　孙　晨　何　昕　赵宇航女　刘　洋　张清天
姜昌浩　张文琦　赵　立　李智翔　张　健
2012年：　何伟鹏　黄浩智　霍　帅　朱俊彦　王　莲　金　朝　顾　研　李　昕　胡　骏　史　兴
苏　煜　孙茹君女
2013年：　程志强　涂文龙　丘俊鹏　赵　晗　闫令琪　李亦靖　梅诗珂　张　檬　曹炎培　张颖婕女
胡晓翔　汤雄超
2014年：　孙艺瀚女　熊异雷　孙丹阳　陈逸翀　吴博雅女　蒋林浩　谢若冰　陈　烨　陈键飞　胡沛筠
艾清遥　马为之　武　彬
2015年：　李伟中　贾思博　杨　天　阎裕康　任　勇　谭志鹏　贾　开　李雨田　刘　扬　杨大威
张世枫
2016年：　周　界　战裕隆　赵晟佳　周恩泽　王天一　袁　源　李天润　李国豪　俞寒轩　柯均洁女
丁弼原　张敬卿　矣晓沅　魏洪浩
2017年：　张俊祺　刘智峰　黄世宇　叶雨菲女　徐　磊　韩　旭　马　也　陈昺弘　邓志杰　钱雨杰
高思达　郭晓阳　王梓仲
2018年：　余凯迪　王赢绪　雷凯翔　高　童　朱　祺　李林翼　丁　铭　谢　磊　丁　豪　莫宇尘
潘星宇　方晓楠　邵韵秋女　王晨阳　胡泽聪

优秀国防毕业生

2007年：　郭　毅　郝恩楠女　张　亮女　杨　乐　蒙金莉女
2008年：　王俊辉　刘　健　张鲁飞　刘国栋
2009年：　王　尚　臧春峰　扈　煜女　陈　熹　王志明　刘　奇

2010年：　刘　阳　曹建勋　孙　路　王　喆　童毅见　王国澎　王　伟
2011年：　薛　超　周建毅　章志彬　王　濛
2012年：　李　祥　王　涛　权思及　刘志强
2013年：　王海权　程志强　尹灿本　高学成　李雪松
2014年：　孙丹阳　赵华凯　龚　杰　张沂超　彭达佳　武　彬
2015年：　高　伟　李伟中　辛云星　张文祥
2016年：　周　界　王　振　韦福超　张景哲　张梦豪
2017年：　刘　峰　蔡文静女
2018年：　闫吉宇　朱　雨女

优秀班集体、先进班集体名单

北京市优秀班集体

2014年　计研4班

北京市先进集体

2009年　首都高校“先锋杯”优秀团支部：计74团支部
2011年　首都高校“先锋杯”优秀团支部：计74团支部
2015年　首都高校“先锋杯”优秀团支部：计34团支部；计研133团支部
2016年　首都高校“先锋杯”优秀团支部：计25团支部
2018年　首都高校“先锋杯”优秀团支部：计52团支部

清华大学毕业班先进集体名单

2016年　计25班
2017年　计34班

清华大学研究生优秀毕业生名单

优秀硕士毕业生

2009年	刘　宾	王宏宁	沈　吟女		
2010年	高传聪	颜时雨	贺　旭女		
2011年	杨　子	温　赟	刘　凯	谢丽星女	
2012年	曾富涔	李彦洁女	马　振	万　伟	魏　超
2013年	许丹青女	张　楠			
2014年	赵宇航女	崔　健	任　竹女	王　玮	
2015年	尤　洋	陈　雯女	张　超		
2016年	余承驰	刘泽阳	刘庆芳女		
2017年	谢若冰	刘玉利	陈　烨		
2018年	钱　桥	唐庆涛	陈　杨		

优秀博士毕业生

2009年	李国良	李洪波	徐　昆		
2010年	翟季冬	陈治佳	庞　一女		
2011年	李明强	李方涛			
2012年	曾荣飞	程明明			
2013年	王建楠	俞能昆	张　鹏		
2014年	龙明盛	王　智	张　娇女		
2015年	吴陈沭	姜　宇	蒋　朦	谢凌曦	张　君
2016年	邓　栋	张永峰	沈志荣	杨　洋	
2017年	章明星	肖诗汉	陈　莹女		
2018年	王奕森	赖泽祺	涂存超	郝　爽女	

清华大学研究生学术新秀名单

2009年　李洪波
2018年　林衍凯

部分高水平国际会议最佳论文

时间	会议名称	论文题目	第一作者	我系指导教师	所获奖项	会议类别
2006年	IEEE Annual Symposium on Foundations of Computer Science (FOCS 2006)	Settling the Complexity of 2-Player Nash-Equilibrium	陈 汐	张 钹	Best Paper Award	CCF A类
2007年	IEEE Conference on Computer Vision and Pattern Recognition (CVPR 2007)	Tracking in Low Frame Rate Video: A Cascade Particle Filter with Discriminative Observers of Different Life Spans	李 源	艾海舟	Best Student Paper Award	CCF A类
2010年	IEEE Transactions on Circuits Systems for Video Technology (TCSVT 2010)	A Framework for Heuristic Scheduling for Parallel Processing on Multi-core Architecture - A Case Study with Multi-view Video Coding	庞 一女	杨士强	Best Paper Award	CCF B类
2010年	International Conference on Computational Linguistics (COLING 2010)	Measuring the Non-compositionality of Multiword Expressions	布 凡	朱小燕女	Best Paper Award	CCF B类
2012年	Annual Meeting of the Association for Computational Linguistics (ACL 2012)	String Re-Writing Kernel	布 凡	朱小燕女	Best Student Paper Award	CCF A类
2012年	ACM IntSernational Conference on Multimedia (ACMMM2012)	Propagation-Based Social-Aware Replication for Social Video Contents	王 智	杨士强	Best Paper Award	CCF A类
2013年	International Conference on Computer Design (ICCD 2013)	Selected Inversion for Vectorless Power Grid Verification by Exploiting Locality	杨建磊	蔡懿慈女	Best Paper Award	CCF B类
2014年	IEEE International Conference on Multimedia & Expo (ICME 2014)	Find You from Your Friends: Graph-Based Residence Location Prediction for Users in Social Media	徐 丹	崔 鹏	Best Paper Award	CCF B类
2014年	The 22nd ACM SIGSOFT International Symposium on the Foundations of Software Engineering (FSE 2014)	AI: A Lightweight System for Tolerating Concurrency Bugs	章明星	武永卫	Best Paper Award	CCF A类
2014年	Pacific Graphics: The Pacific Conference on Computer Graphics and Applications (PG 2014)	Interactive Image-Guided Modeling of Extruded Shapes	曹炎培	胡事民	Best Student Paper Award	CCF B类
2015年	International Conference on Data Mining (ICDM 2015)	From Micro to Macro: Uncovering and Predicting Information Cascading Process with Behavioral Dynamics	余林韵	杨士强	Best Student Paper Award	CCF B类
2016年	Design, Automation & Test in Europe Conference (DATE 2016)	Utilizing Macromodels in Floating Random Walk Based Capacitance Extraction	喻文健		Best Paper Award	CCF B类
2017年	International Conference on Research on Development in Information Retrieval (SIGIR 2017)	Evaluating Web Search with a Bejeweled Player Model	张 帆	刘奕群	Best Student Paper Award	CCF A类
2017年	ACM International Conference on Information and Knowledge Management (CIKM 2017)	Hike: A Hybrid Human-Machine Method for Entity Alignment in Large-Scale Knowledge Bases	庄 严	李国良 冯建华	Best Full Paper Award	CCF B类
2018年	IEEE Data Compression Conference (DCC 2018)	Convex Optimization based Bit Allocation for Light Field Compression under Weighting and Consistency Constrain	郭碧川	温江涛	Best Paper Award	CCF B类

优秀博士论文、硕士论文

全国优秀博士学位论文

时间	作者	导师	论 文 题 目
2010年	来煜坤	胡事民	特征敏感几何处理

（注：该奖项于2013年取消）

北京市优秀博士学位论文

时间	作者	导师	论 文 题 目
2010年	李国良	冯建华	结构化和半结构化数据的关键字检索研究
2013年	程明明	胡事民	图像内容的显著性与相似性研究

国家一级学会优秀博士学位论文

时间	姓名	导师	论 文 题 目	授 予 单 位
2009年	徐　昆	胡事民	可视媒体的高效编辑与高时绘制	中国计算机学会
2009年	朱　军	张　钹	最大熵判别式马尔科夫网理论与应用	中国计算机学会
2010年	翟季冬	郑纬民	大规模并行程序性能预测关键技术研究	中国计算机学会
2011年	陈　韬	胡事民	基于图形交互的互联网图像合成及绘制	中国计算机学会
2012年	刘知远	孙茂松	基于文档主题结构的关键词抽取方法研究	中国人工智能学会
2013年	李先颖	胡事民	基于动态几何结构的可视媒体的建模与编辑	中国计算机学会
2013年	王健楠	胡事民	基于众包的实体解析关键问题研究	中国计算机学会
2014年	王　智	杨士强	在线社交视频内容分发策略研究	中国计算机学会
2014年	张　娇女	任丰原	数据中心网络中传输控制与带宽分配	中国计算机学会
2014年	布　凡	朱小燕女	文本信息度量研究	中国中文信息学会

续表

时间	姓名	导师	论文题目	授予单位
2016年	陆游游	舒继武	闪存文件系统关键技术研究	中国计算机学会
2016年	沈　玮	王建勇	面向知识库的实体链接	中国人工智能学会
2016年	龙明盛	王建民	迁移学习问题与方法研究	中国人工智能学会
2016年	王　超	马少平	搜索引擎点击模型构建	中国中文信息学会
2017年	张　伟	王建勇	基于地点的社交媒体中用户建模与内容推荐	中国人工智能学会
2017年	张永锋	马少平	个性化推荐的可解释性研究	中国人工智能学会

清华大学校级优秀博士学位论文

时间	作者	导师	论文题目	备注
2009年	李国良	冯建华	结构化和半结构化数据的关键字检索研究	一等奖
	朱　军	张　钹	最大熵判别式马尔可夫网络理论与应用	二等奖
	徐　昆	胡事民	可视媒体的高效编辑与高时绘制	二等奖
	李洪波	孙增圻	基于切换模型的网络控制系统镇定与优化	二等奖
	陆品燕	姚期智	计数问题的复杂性及全息算法	二等奖
	师　进	蔡懿慈女	大规模结构化供电网络仿真优化算法研究	二等奖
	邸慧军	徐光祐	弹性运动跟踪及其应用	二等奖
2010年	肖　鑫	史元春女	异构对等网络中分层流媒体传输研究	一等奖
	庞　一女	杨士强	面向多核体系结构的可视媒体加速处理	一等奖
	仲　茜女	周立柱	本体匹配方法研究	二等奖
	李　姣女	朱小燕女	疾病相关的蛋白质-药物关联关系的建立与挖掘研究	二等奖

续表

时间	作者	导师	论文题目	备注
2010年	陈治佳	林闯	基于P2P技术的大规模内容分法机制研究与性能分析	二等奖
	刘盛华	洪先龙	系统级封装中衬底拓扑布线算法的研究	二等奖
	翟季冬	郑纬民	大规模并行程序性能预测关键技术研究	二等奖
	杨胜	孙家广	实体布尔运算中的分类方法研究	二等奖
2011年	李明强	舒继武	磁盘阵列的纠删技术研究	一等奖
	李方涛	朱小燕女	基于产品评论的情感分析研究	二等奖
	陈韬	胡事民	基于图形交互的互联网图像合成及绘制	二等奖
	刘知远	孙茂松	基于文档主题结构的关键词抽取方法研究	二等奖
	董悦	沈向洋	基于数据相关性的高维纹理建模	二等奖
	司宪策	孙茂松	基于内容的社会标签推荐与分析研究	二等奖
	翟忠武	贾培发	网络舆情分析方法研究	二等奖
2012年	程明明	胡事民	图像内容的显著性与相似性研究	一等奖
	曾荣飞	林闯	无线传感器网络分布式数据存储安全特性研究	二等奖
	施侃乐	孙家广	几何连续性约束下的自由曲面过渡问题研究	二等奖
	李琦	吴建平	互联网域间路由健壮性研究	二等奖
	陈宁女	孙富春	判别式概率隐层空间模型学习与复杂度问题研究	二等奖
	兴军亮	艾海舟	基于检测的在线多物体跟踪	二等奖
2013年	王健楠	冯建华	基于众包的实体解析关键问题研究	一等奖
	李先颖	胡事民	基于动态几何结构的可视媒体的建模与编辑	二等奖

续表

时间	作者	导师	论文题目	备注
2013年	张　鹏	林　闯	网络编码的安全与隐私机制研究	二等奖
	布　凡	朱小燕女	文本信息度量研究	二等奖
	俞能昆	应明生	量子信道环境辅助容量研究	二等奖
	崔　岩	史元春女	面向多核架构的操作系统可扩展性研究	二等奖
	沈超慧	胡事民	基于先验知识的低质量几何数据结构分析	二等奖
2014年	张　娇女	任丰原	数据中心网络中传输控制与带宽分配	一等奖
	龙明盛	王建民	迁移学习问题与方法研究	二等奖
	王　智	杨士强	在线社交视频内容分发策略研究	二等奖
	张　兰女	刘云浩	保护隐私的计算及应用	二等奖
	沈　玮	王建勇	面向知识库的实体链接	二等奖
	杨建磊	蔡懿慈女	大规模集成电路片上供电网络仿真与验证算法研究	二等奖
	徐文昌	史元春女	网页浏览行为代价模型与优化方法	二等奖
	杜松沛	胡事民	多视点立体图像和视频的内容编辑与优化	二等奖
	蒋万春	任丰原	增强型以太网拥塞控制	二等奖
2015年	吴陈沭	刘云浩	基于群智感知的无线室内定位	一等奖
	姜　宇	孙家广	面向异构嵌入式系统的形式计算模型研究	二等奖
	蒋　朦	杨士强	社交媒体复杂行为分析与建模	二等奖
	陆游游	舒继武	闪存文件系统关键技术研究	二等奖
	谢凌曦	张　钹	基于局部特征的图像表示模型：理论与实践	二等奖

续表

时间	作者	导师	论文题目	备注
2015年	张　君	王建民	用户行为驱动的社交网络演化分析	二等奖
	冯　伟	王建勇	社交媒体中内容的标注与排序	二等奖
	潘　恬	刘　斌	支持快速启动和协议识别的路由器线卡的研究	二等奖
	牟　帅	郑纬民	分布式事务并发控制关键技术研究	二等奖
2016年	邓　栋	李国良	大数据处理中的容错技术研究	一等奖
	张永锋	马少平	个性化推荐的可解释性研究	二等奖
	沈志荣	舒继武	纠删码存储系统性能优化研究	二等奖
	杨　洋	李涓子女	社交网络中的信息传播模型研究	二等奖
	胡卉芪	冯建华	空间文本数据的量质融合与推送	二等奖
	张　伟	王建勇	基于地点的社交媒体中用户建模与内容推荐	二等奖
	林梓佳	丁贵广	图像语义标注方法研究	二等奖
	刘少伟	杨士强	面向用户意图的社会化图像检索	二等奖
	梁　鸣	张　钹	受神经科学启发的计算机识别和注意模型	二等奖
2017年	章明星	武永卫	大规模图数据的高效计算关键技术研究	一等奖
	肖诗汉	崔　勇	无线数据中心网络架构设计与传输优化研究	二等奖
	吴　超	张尧学	移动计算与应用的性能优化	二等奖
	张宇超女	徐　恪	数据中心网络业务处理流程中的资源管理优化	二等奖
	陈　莹女	林　闯	服务计算多目标优化模型与求解研究	二等奖
	许春旭	刘永进	二维流形网格上的测地Voronoi图研究	二等奖
	张圣林	刘　莹	基于日志的数据中心内性能事件管理	二等奖

续表

时间	作者	导师	论文题目	备注
2018年	郝　爽女	冯建华	结构化数据的清洗关键技术研究	一等奖
	王奕森	夏树涛	随机森林和深度神经网络的若干关键技术研究	二等奖
	赖泽祺	崔　勇	面向移动云计算的智能终端传输优化	二等奖
	白家驹	胡事民	基于运行时分析的驱动程序可靠性研究	二等奖
	单丹枫	任丰原	数据中心网络中微突发流量的研究	二等奖
	田　天	朱　军	众包标注的机器学习算法及应用	二等奖
	李蓝天	郑　方	说话人识别中的特征学习方法研究	二等奖
	涂存超	孙茂松	面向社会计算的网络表示学习	二等奖
	李　立	徐　恪	高速移动场景下蜂窝网的网络协议测量与优化研究	二等奖

清华大学校级优秀硕士学位论文

时间	作者	导师	论文题目
2009年	李　谆	王建勇	序列挖掘算法及其应用研究
	刘　宾	林　闯	水下传感器网络数据可靠性问题的研究
	王宏宁	朱小燕女	基于产生式话题模型的文本建模研究
	王会明	吴建平	网络性能端到端主动测量研究与实现
	王知昆	张　钹	高效交互式视频检索算法研究
	沈　吟女	蔡懿慈女	模拟电路屏蔽布线和可制造性布线算法研究
	刘振华	赵有健	基于负载均衡的大容量可扩展交换结构研究
	林　昇	赵雁南	基于多平台系统下工业控制组态软件研究与实现
	张　静女	李涓子女	异构网络的概率图建模及其在检索中的应用
	郝　松	都志辉	基于并行共享缓存模型的多核缓存感知算法设计
	郜　韦	艾海舟	行人检测与分割和再识别

续表

时间	作者	导师	论 文 题 目
2010年	杨宏坤	林 闯	LTE频域分组调度算法的研究
	贺 旭	董社勤	三维布图规划及后处理阶段的互连优化研究
	陈志博	杨士强	3DTV流媒体直播传输方案研究
	李 勇	胡事民	图像视频编辑传播的高效算法研究
	高传聪	王建勇	面向分类的模式发现算法
	李海涛	徐 恪	大规模P2P视频点播系统的研究与实现
	颜时雨	孙增圻	TS模糊模型通用逼近性及系统分离性原理研究
	王奇凡	陶霖密	三维非刚体跟踪及其应用
	冷红生	林 闯	基于随机Petri网的企业网络攻击建模与评价
	时云峰	冯建华	PE文件的强脆弱性分析与利用研究
	苏方盛	钟玉琢	警用定位系统（police-GPS）的设计与实现
	许 敏	戴一奇	基于扩展攻击树模型的恶意代码分析检测技术研究
	郑万昀	赵雁南	平地双向通信的研究与实现
2011年	杨 子	唐 杰	社会网络分析中的预测模型
	刘景琛	朱小燕女	生物医学文献中的基因标注
	薛 矛	舒继武	一种云存储安全系统的设计与实现
	温 赟	徐 华	基于合作市协同进化的内嵌特征选择学习分类器
	刘 凯	孙增圻	智能割草机器人定位与覆盖规划系统研究
	何均宏	徐 恪	电信云平台及其流服务技术研究

续表

时间	作者	导师	论文题目
2012年	马　振	徐　恪	P2P VoD系统核心策略建模，测量与优化
	曾富涔	乔　林	片上多处理器内存子系统建模与量化评测框架
	魏　超	张　敏女	搜索引擎反作弊技术研究
	万　伟	徐　华	基于产品特征的评论文本观点挖掘方法研究
	李彦洁	孙立峰	3D视频中深度视频的时空域质量提升算法研究
	伍广宁	刘宝林	不同异步及生态不相关视听觉信息的认知整合
	蒲　旭	王建勇	面向RDF数据的高效查询及增量更新系统的研究与实现
	张春燕女	徐　恪	多接口移动主机性能优化研究和网络服务市场博弈分析
	王新民	江　勇	基于信息距离的语义相似度研究
	金洪伟	朱小燕女	面向产品评论的情感分析研究与应用
	李佐渭	周　强	集成电路供电网络设计与分析技术
	韩阜业	汪东升	基于覆盖网的协同式僵尸网络压制系统设计与实现
2013年	许丹青女	马少平	基于多源网络信息的社会态势分析研究
	尼古拉斯	朱　军	基于贝叶斯推理的支持向量机并行算法研究
	袁明艺	刘华平	基于约束线性编码的视觉动作识别与目标跟踪
	唐文斌	唐　杰	社交网络中的关系挖掘
	张　楠	李国良	面向移动终端的空间数据关键字搜索研究
	叶　丰	武永卫	多租户云存储系统中数据管理构建实现方案研究
	郭文静女	刘永进	结合特征词和形状模型的图像物体分类方法

续表

时间	作者	导师	论文题目
2013年	梁尚立	袁　春	基于自适应图像分割的视频深度恢复技术的研究与应用
	李　军	汪东升	微博社交网络用户影响力分析研究
	张　赛	徐　恪	在线社会网络中信息传播的测量、分析与建模
	陈金元	郑海涛	基于语义的移动信息推送平台
	明　华	冯建华	文档全生命周期管理中的区间持久性top-k查询技术研究
	李孟兴	石纯一	基于规则和案例推理技术的电力设备故障红外诊断系统
	王　鑫	袁　春	分布式视频编码边信息和相关噪声模型算法研究
2014年	马　骁	崔　勇	面向移动云计算的网络接入传输优化研究
	赵宇航女	史元春女	以增强现实技术改善主动阅读信息重访问
	赵　凯	吴志勇	语音驱动的可视语音合成中音视频映射的研究
	张傲南	朱　军	最大间隔无穷隐马尔可夫模型及其应用
	光大昕	陶　品	基于划分预测的H.264到HEVC并行视频转码算法研究
	崔　健	许　斌	移动平台传感器流数据特征工程研究
	任　竹女	蔡莲红女	互联网海量语音数据的群体情感分析与预测研究
	郑　翀	朱纪洪	高速共轴无人直升机视景仿真系统的研究与实现
	王　玮	徐　华	基于约束主题模型的文本挖掘方法研究
	刘玉龙	刘华平	动态场景中交通标志识别的结构化稀疏编码方
	白少舟	郑海涛	基于路径选择的多文档摘要技术研究

续表

时间	作者	导师	论文题目
2015年	宋朝兵	夏树涛	压缩感知重建算法的理论分析与算法设计
	尤　洋	杨广文	基于分布式系统的通信避免支持向量机方法研究
	陈刚彪	袁　春	基于深度和稀疏特征的显著性检测
	张　超	喻文健	面向复杂大规模互连结构的悬浮随机行走电容提取算法
	陈　雯女	任丰原	数据中心网络中传输协议的性能分析与增强机制
	刘云辉	刘华平	视频/图片集摘要提取的结构化稀疏编码方法
	袁虎声	江　勇	基于IEEE 802.11ac的室内动态定位算法设计
	孙　龙	舒继武	基于非易失性存储器的事务机制优化研究
	董梅平	刘　洋	基于非平行数据的翻译语料库构建方法研究
	赵　洁	郑海涛	基于搜索日志和语义关系的查询推荐技术研究
2016年	方展鹏	唐　杰	社交网络微观结构的应用和形成机理研究
	刘泽阳	刘奕群	面向异质搜索结果的用户行为研究
	陈　硕	李国良	位置和主题感知的社交网络影响最大化问题研究
	俞承驰	刘永进	图像流形驱动的结构敏感超分割算法研究
	刘庆芳女	徐　恪	互联网传输层协议的吞吐量建模与分析
2017年	谢若冰	孙茂松	融合多源信息的知识表示学习研究
	陈　烨	刘奕群	互联网搜索用户满意度评估研究
	刘玉利	刘奕群	基于用户行为的数据质量评估方法研究
	覃　杰	刘华平	触觉物品识别的核字典学习方法
	吴桂勇	张广艳	存储系统中数据在线迁移方法研究
	刘　彪	黄民烈	文本表示的深度学习方法研究

续表

时间	作者	导师	论文题目
2018年	钱　桥	朱小燕女	融合语言学知识的情感分类深度学习模型
	鲁　盼	王建勇	基于多重注意力机制的视觉问答研究
	卜瑶华女	贾　珈女	基于交互美学的儿童电子绘本系统设计与实现
	苏　宁	刘奕群	购物搜索用户行为分析与应用
	赵珮君	贾　珈女	社交网络中表情符号使用行为的分析与预测
	张少峰	肖　喜	基于系统调用序列和机器学习的安卓恶意软件检测
	鲁　盼	王建勇	基于多重注意力机制的视觉问答研究
	李　立	徐　恪	高速移动场景下蜂窝网的网络协议测量与优化研究

部分重要学生科技竞赛获奖

"挑战杯"学生课外学术科技作品竞赛（个人名次）

时间	作品	作者	获奖等级
2011年	恶劣环境视频增强算法研究及硬件实现	陆　垚	国家级、校级特等奖
2012年	基于体感交互的颈部保健游戏	唐文斌	校级特等奖
2013年	积木云——网络服务整合图形化简易编程平台	赵一开	校级特等奖
2015年	基于多传感器的建筑通道建模	徐梓哲	校级一等奖
2016年	基于语言模型的中文电子文本纠错技术MissCut	潘星宇	国家级、校级特等奖
2017年	基于LSTM深度学习框架的人工智能作曲	王少雄	校级特等奖
2017年	低成本的手势识别环	潘立航	校级特等奖
2018年	非英语母语写作辅助系统	钟鸣远	校级特等奖
2018年	基于事件抽取、判决预测的法律文书结构化	肖朝军	校级一等奖

清华大学"挑战杯"学生课外学术科技作品竞赛（团体名次）

2015年　永久杯
2017年　第一名
2018年　第一名

国际比赛

2013年　Robocup机器人足球赛成人组比赛二等奖
2016年　IROS2016"机械手抓取与操作"竞赛"全自动操作"任务第一名
2017年　Date Science Bowl比赛第一名

系学生代表队参加历届ACM国际大学生程序设计竞赛名次

2009年　第2名
2010年　第6名
2011年　第3名
2012年　并列第18名
2013年　第12名
2014年　第11名
2015年　第4名
2016年　并列第14名
2017年　第6名
2018年　第7名

清华大学创业大赛

2016年计算机系"清华源"团队获得第二届"北极光杯"清华大学公益创业大赛金奖

系学生代表队参加历届ASC世界大学生超级计算机竞赛名次

2012年　冠军

团队成员：徐世真　程芃祺　任一恒　吕子鉠　廖俊峰　杨　弋

指导教师：黄小猛

2013年　冠军 LINPACK单项冠军

团队成员：徐持衡　姜碧野　骆可强　金昊衡　王欣亮　王凝枰

指导教师：黄小猛

2014年　ASC E-Price应用优化单项奖

团队成员：李恺威　宋方睿　乔宇宸　蒋林浩　程　淼自动化系

指导教师：黄小猛

2015年　冠军

团队成员：宋方睿　吴育昕　张　阳物理系　裘捷中　卓有为　王　邈

技术支持：李恺威

指导教师：翟季冬

2016年　第5名

团队成员：卓有为　梁俊邦　龙浩民　王　邈　冯冠宇

技术支持：刘家昌

指导教师：韩文弢　翟季冬

2017年　冠军

团队成员：叶方轲　李宇轩　李北辰　冯冠宇　刘家昌

技术支持：王　邈

指导教师：翟季冬　韩文弢

2018年　冠军

团队成员：李北辰　冯冠宇　谢　磊　于纪平　陈　宇

技术支持：王　邈　刘家昌　唐适之

指导教师：翟季冬　韩文弢

系学生代表队参加历届ISC国际大学生超级计算机竞赛名次

2012年　冠军

团队成员：徐世真　程芃祺　任一恒　吕子鉷　廖俊峰　杨　弋

指导教师：黄小猛

2014年　亚军

团队成员：李恺威　宋方睿　陈逸翀　郭家宝　高凡基科班　刘艺宁

指导教师：翟季冬

2015年　冠军

团队成员：宋方睿　吴育昕　张　阳物理系　梁　盾　卓有为　王　邈

技术支持：李恺威

指导教师：翟季冬

2016年　亚军

团队成员：卓有为　李宇轩　叶方轲　王　邈　冯冠宇　李北辰

技术支持：李恺威　刘家昌

指导教师：韩文弢　翟季冬

2017年　冠军

团队成员：叶方轲　李宇轩　冯冠宇　刘家昌　李北辰　谢　磊

技术支持：王　邈

指导教师：翟季冬　韩文弢

系学生代表队参加历届SC全球大学生超级计算机竞赛名次

2015年　冠军

团队成员：裘捷中　梁　盾　卓有为　王　邈　鲁逸沁　梁俊邦

技术支持：李恺威

指导教师：翟季冬

2017年　第3名

团队成员：李北辰　冯冠宇　刘家昌　谢　磊　于纪平　陈　宇

技术支持：李宇轩　余欣健　谢　倩女

指导教师：翟季冬　韩文弢

后记

2018年，为庆祝建系60周年，我系决定在原有工作的基础上，修订增编《智圆行方：清华大学计算机科学与技术系系史》。全书分为两册，第一册仍为1958–2008年的50年系史，此次对其中部分史实进行了勘误和增补；第二册为新编的2009–2018年的10年系史。

第二册基本沿用了第一册的体例，由三大部分组成：其一，系主任吴建平院士撰写的序言，对最近十年取得的重要成就进行了概括总结；其二，最近这十年的主要史实，以我系年度总结报告和年鉴为主要依据，力求简洁明了地反映我系在教学、科研、管理、学生活动等方面的重要事件；其三，附录，力求详尽地记录十年间我系方方面面的主要信息。本册编写工作自2018年5月启动一直持续到暑假结束，编写组成员基本上牺牲了暑假休息时间，其间召开20余次工作会议，先后编写十余稿。由于任务重且繁杂，时间紧，虽勤勤恳恳、兢兢业业，但内容或仍难免有疏漏，恳请广大读者批评指正。

《智圆行方：清华大学计算机科学与技术系系史》编委会由我系历届主要领导组成,成员有：凌瑞骥、唐泽圣、周远清、王鼎兴、周立柱、林闯、孙茂松、吴建平、唐美刚、罗建北、张再兴、黄汉文、张凤昌、林学訚、杨士强、刘奕群，共计16人。其中现任系主任吴建平院士为主任委员，孙茂松为主编。

我系为此专门成立了系史系展工作组，负责系史编写和系展设计工作，由孙茂松担任组长，系党委副书记刘知远担任副组长，张再兴担任顾问，成员有：马少平、蔡英明、刘洋、徐华、翟季冬。执行编辑事务的工作助理有：张慧、佟慧敏、杨波、苏芝兰、王宇星、尹向荣。上述人员构成了本书的编写组。

2018年9月